幸せって何だろう？

ボクが日本人から学んだ「受け入れる」っていうこと

スコット・ハース 著
沢田博 訳　山久瀬洋二 序文

IBCパブリッシング

WHY BE HAPPY?:
The Japanese Way of Acceptance

This edition published by arrangement with
Hachette Go, an imprint of Hachette Books, an imprint of Perseus Books, LLC,
a subsidiary of Hachette Book Group, Inc., New York, New York, USA
through Tuttle-Mori Agency, Inc., Tokyo.

はじめに

最近、日本について語る英文書の出版が少なくなった。80年代から90年代初頭にかけて、日本の経済力が注目され、誰もがウォークマンを礼賛していた頃、日本について数えきれない記事が書かれ、本が出版された。そして、海外の多くの人が日本語を学び、日本式の経営術についての研究発表が続いた。

そんな日本の「バブル経済」が一気に弾けたとき、日本について書かれたそうした書籍が古書店に売られてしまい、書架でホコリをかぶってしまった。以来、引き潮のように日本は世界から遠くなり、日本人もいつしか過去に抱いていた自信を失ってゆく。

長い低迷期の中で、日本人の多くはそんな危機感の裏返しのように、時には滑稽にすら思えるように自ら文化の素晴らしさを吹聴する様子も伺えた。本来、遠慮とか謙遜という日本人が美徳とする意識を打ち捨てて、日本人の匠の美しさ、サービスのきめ細かさを誇らしげにファンファーレのように世界に向けて鳴り響かせる様子に、日本に住む海外からの在住者が顔をしかめる様子も気になった。

ちょうどそうした時期に、ボストンから一人の臨床心理学者が日本を訪れ、日本の旅館に滞在し、銭湯で湯船につかりながら、現在の日本について分析をし、日本人の抱く意識を丁寧に紐解きながら、文章にまとめたのである。しかもそれは世界11の国と地域で翻訳され、出版され、ニューヨークタイムズ紙など多くのメディアで書評として拡散された。

それは単純な日本礼賛でもなければ、シニカルな日本批判でもない。自ら属する西欧社会との違いと同質性を慎重に見つめながら、日本という一つの文化圏にある価値観が社会の変化に直面し、摩擦を繰り返しながらどのようにそれを維持し、時には変化そのものを受け入れているかについて考察する。そしてそこから得られる「学び」について改めて語ろうとしている。そこに炙り出された日本は、我々日本人が自らを持て余し、自らの伝統や行動様式についてどう表現すればよいのか戸惑うとき、思わぬ発見となる新鮮な考察として我々の心に染み込んでくる。自らの文化について距離をおいて自らを見つめ直すためにも、ぜひ読んでもらいたい随想といえそうだ。

「受け入れること」という日本人の価値観を起点に著者は、日本人がよくみせる様々な行動様式について語ってゆく。その行動様式は今では形骸化したものまで含まれるが、著者はその背景に静かに横たわる日本人の思いや知恵について指摘する。その指摘が我々に投げかけるものを今もう一度考えてみたい。

和を尊ぶあまり、人のことを気にするあまり、速度感を失い、同調圧力の中で動きがとれなくなっている日本人を一歩下がって眺めれば、その背景にあった別の知恵と価値観が見えてくる。文化の強い部分と弱い部分はちょうどコインの表と裏のように、見る角度によってよくもみえるし不可思議にも見えてくる。また、その時代時代で、一見無駄にみえる価値観が物事を解決する強力な武器に変化することもある。明治以降、日本は現代社会の激しい変化の表舞台に躍り出ては挫かれ、批判されてはその批判を受け入れながら再生してきた。その曲線は波のように上下し、いま日本人はあたかも波の底に向かっているような不安にさらされている。そんなときだけに、少し距離をおいてボストンから日本を訪れた著者の日本論に目を通してみたい。そこに見えてくる事実は、我々が自らを再び意識する上でも大切なヒントになるはずだ。

久しぶりに日本についての英文書が出版され、それを翻訳し、今回日本人の読者に問いかけることができることは、私にとってとても嬉しいチャレンジのように思えてならない。

山久瀬洋二

目次

1 この広い世界で

えっ、日本？　日本から、なにか幸せについて学ぶことがあるのですか？

あるのです、それもたくさん。そう気づくまでには何年もかかりました。ただし、今でもまだわからないことがあり、わかろうと努めています。西洋（正確にはアメリカ）で生まれ育った私の知っている「幸福」と、日本の人が感じる幸せは、どこか違っているからです。

日本では、幸せは個人的なことがらではありません。ゴールでもない。アクセプタンス（受け入れること）。それがゴールなのです。

日本が最もすぐれていること、そして人が日本の文化から学べるもの。それは「この広い世界で一人きり」という寂しさをやり過ごす術だろう。現実を(終わったことも今のことも)受け入れ、この世の栄光も苦悩も長くは続かないとわきまえる。それが暮らしの基本だ。私は日本で過ごし、その文化を学び、日本の人の生きる術を、彼らが自分自身と自然をどうやって愛するのかを見きわめようと努めてきた。おかげで、私たちを苦しめるストレスに対する見方も、対処の仕方も変わってきた。

日本の人はさまざまな集団に属しているが、その内部で誰もがうまくやれるとは限らない。つまはじきとか村八分とか、孤立・孤独が深刻な問題なのは西洋社会と同じで、高齢者や社会的弱者、それに心を病む人たちはとくにきびしい。

でも大きな違いがある。日本には「みんな一緒」感を得られるオプションがいくつもある。公衆浴場や安全な公園、お寺や神社が国中にあり、すべての人に開かれている。大正時代(1912~1926年)以降は、いわゆる「欧化」の影響もあって集団の縛りはゆるくなったが、それでもこの国の人は幼いころから集団を意識している。幼稚園から制服があり、学校へ行けば給食でみんなと同じものを食べる。集団の一員として行動することはあまりにも当然なので、あえて言葉で指示されることもない。家庭で、学校で、あるいはお店や職場でどう振る舞うべきかは、みんな知っているはずであり、基本的には誰もが同じように振る舞えばいいとされる（現実には性別や年齢、民族などにかかわる根深い偏見があるから、誰もが同じとはいかないのだが）。

それに、日本では個人のアイデンティティ（人間として自分が何者であるか）が集団への帰属で決まり、その人の個性や考え方、好き嫌いと同じくらいに重視される。

アメリカ人の私には、当然のことながらアメリカ的なものが染みついている。いわゆる「やればできる」の精神、黒人のバラク・オバマを大統領にした「Yes, we can」の合い言葉、どこまでもオープンで創造的で、何事にも新しいアプローチを試してみたがる姿勢。それは凶暴なまでの（徹底した）個人主義と言える。

日本はどうか。

観察し、耳を傾け、あわてず騒がず、起きたことは引き受け、やっかいな問題は試練と考え、やたら反発せず、まずはアクセプタンス（受け入れ）に徹する。他人にも自分にも、そういうふうに接するのが日本流だ。こういう態度は西洋人にもあり、人類共通のものと言えるが、日本ではそれが社会制度やシステムの発展を支えている。

自分は何者かという問いは、日本では、自分は誰と共にあるかという問いに重なる。このことに気づくと心が開かれる。西洋的な自己分析と自己満足の道に終わりはなく、進めば進むほど狭くなり、孤立が深まるのみだ。でも仲間がいれば、孤独なんてありえない。
日本にいると、私の暮らしはバランスがよくなる。穏やかで忍耐強くなり、沈黙と観察を尊重し、自分のニーズよりコミュニティや自然のほうが大切だという事実を受け入れることができる。西洋人が大事にする個人主義に代わって、人生の最大の歓びは他人を満足させることだという気づきが得られる。

他人が苦しんでいれば、私たちは共感し、同情する。そうすると、私たちの幸せ感は減る。共感とは、他人の痛みを分かち合うことだからだ。私は臨床心理士なので、よく他の人の恐ろしい話を聞かされる。身内が死んだとか、ひどい侮辱を受けたとか。そういう話を聞いていると、私自身も幸せを感じられなくなる。自分の心の痛みや苦しみをあからさまに表現する（人に見せる）のはよくないと、私たちは教わってきた。こちらの痛みや苦しみが他者に伝染してしまうからだ。実際、他人の痛みに強く共感すればするほど、私たちはそれを自分の痛みとして引き受けることになる。

自分の子や配偶者、親や友人が苦しんでいると、私たちの幸せ感は減る。そういう人たちは自分の一部であり、自分の心や意識に入り込んでいるからだ。息子や娘、妻が苦しんでいるとき、自分の幸せについて考える人はいない。

実を言うと、私自身もストレスをためるのが得意だった。ストレスだらけの家で育ったせいかもしれない。いくら注意しても、気がつけばストレスがたまっていた。

しかも、ストレスは個人的なものではない。個人的なストレスなど、ありえない。

私は仕事で週に3回、マサチューセッツ州ロクスベリーにある自立支援局（DTA）でホームレスや生活困窮者、虐待を受けた人などと面談し、障害の程度や支援の必要性を判定している。仕事は午前中だけで、終わると私はハンドルを握り、家に帰る。わずか5マイルのドライブだが、こじゃれた住宅街に入るとほっとする。成功や安全は個人の事情より人種や性別、貧富の差に左右されることを実感するからだ。

この地での暮らしと日本で学んだことを考え合わせ、私は自分に必要な助けを少しずつ見つけ、やがて自分に何が欠けているかに気づいた。

日本で身につけた習慣を、この地でも少しずつ採り入れた。そうすることで私は変わった。ストレスとのつきあい方も、その避け方もすっかり変わった。自分の社会的な立ち位置を変えようと努めつつも、この世界を受け入れることができるようになった。

ジャズ・サキソフォン奏者のケニー・ギャレットに『プッシング・ザ・ワールド・アウェイ』（世界を遠ざける）と題するアルバムがある。日本語を理解し、何度も日本を訪れている彼のことだから、このタイトルには日本文化に対する彼の（そして私のような人間の）思いが込められているとみていい。

日本を「第二の故郷」と呼び、日本の文化に深い影響を受けたというギャレットに聞くと、こんな答えが返ってきた。「私の音楽は聴く人を引き込み、引き込み、引き込み、引き込む。一方で私たちが世界を遠ざけようとするエネルギーも、うまく使えばポジティブなものになるんだ」

言い得て妙。これぞ日本流のアクセプタンスだ。ひたすらに世間を遠ざけることで深い経験を生み出し、それが私たちを互いに引き寄せ、生きていることを実感させる。

日本での些細で日常的な習慣を採り入れることで、私はアメリカにいてもストレスをあまり感じないでいられる。これは進行形のプロセスで、いい日もあれば悪い日もある。それでも間違いなく、以前よりはストレスに強くなった。いろんな場面で、観察と沈黙と、そしてアクセプタンスの術を使えるようになったからだ。今の私はストレスの破壊力を理解し、その力を減らす術を知っている。

それが幸せの秘訣だと言うのではない。ストレスが減っても、私たちが人間として、責任ある市民として向き合うべき試練から逃れられるわけではない。しかし、それでものごとを見る目が変わり、新たな可能性が見えてくる。

何年か前に、日本語の「生きがい」という観念がやたらもてはやされた。まるで、それを学べば幸せになれる秘術か何かのように。しかし、問題は日本人が幸せかどうかではない。もっと大事なのは日本人の強さ、その立ち直る力、そしてコミュニティだ(*1)。

日本には、何をするにも西洋人とは根本的に異なる方法がある。そして自分自身を自然の一部とみなし、コミュニティを築き、その役に立とうとし、私たちに許された時間がごく短いものである事実を受け入れる。

お断りしておくが、共感という点で日本人がずば抜けているのではない。日々の生活では、むしろ日本人の無関心さが際立つ。他人の行動や発言に反応を示そうとせず、「間違ったことをしたり言ったりしたらどうしよう? へたに口を出したら余計なお世話と言われないか?」と思っている。

その一方、日本社会にはたいてい(「常に」ではない)格別な安全と安心がある。生まれたときから、強固で幾重にも重なったつながり(絆)に守られているからだ。そうした外的構造が必要なものを提供してくれるから、ことさらに個人が声を上げなくても万事は丸く収まる。

しかし、そうした外的構造だけでは対処できない危機が訪れたらどうするか。そのとき個人はどう動けばいいか。なにごとも集団に頼ればいいと教えられてきた人々は、しばし途方に暮れるのではないか。

ここで思い出すのが黒澤明監督の映画『天国と地獄』（1963年）だ。東京の裕福な会社役員が、息子を誘拐したから巨額の身代金を払えと脅される。だが実際にさらわれたのは彼の息子ではなく、専属運転手の息子だった。そこで彼は逡巡《しゅんじゅん》する。犯人の要求を無視して財産を守るべきか、他人の息子の命を守るべきか……。

悩んだ末に、三船敏郎演じる権藤金吾は我欲（作中では戦後日本のアメリカ化の影響であることが示唆される）を捨てて身代金を払う。共感は我欲よりも強し、だ。

この映画が作られたのは日本が高度成長に向かい、工業の力で西洋諸国に追いつき、追い越そうとしていた時期。だからこそ黒澤は、西洋的な成功の概念に押されて日本文化の大切な価値観が失われていくことに警鐘を鳴らした。

共感は日本文化に欠かせない要素であり、我欲に突き動かされて採り入れた西洋的な価値観の犠牲にしてはいけない。他者を助け、自分がコミュニティの一員であることを理解し、受け入れる。それでこそ日本人だ。私利私欲にこだわるのはアメリカ人が持ち込んだ性向であり、そんなものに染まってはいけない。黒澤はそう言いたかったのだろう。

しかしアメリカにも無私の精神や共感はあり、いたるところで見出せる。信仰上の理由やコミュニティを大切にする思い、家族で助け合う気持ち、あるいはごく自然な親切心から、アメリカ人も日ごろから他者を助けることには熱心だ。

黒人初のMLB（大リーグ野球）選手ジャッキー・ロビンソンも言っていた。「他者の暮らしにインパクトを与えない人生は取るに足らない」と。

寂しい、他の人からも自然からも切り離され、みんな自分勝手に生きている。そう感じると生きづらくなる。だから日本では早い時期から、寂しさの排除に取り組んでいる。

家族や学校、会社やコミュニティの一員だという意識が、日々の暮らしや人との接し方などを通じて、しっかり植えつけられる。そこで強調されるのが観察、傾聴、謝罪（日本人はやたら謝る）、そしてアクセプタンス（受け入れ）だ。

小学生のつくる「班」、銭湯での入浴、口には出さずとも存在する関係性、そして人前での礼儀作法。これらも日本人に、自分が「集団の一員」であることを思い出させる。そうした場面では、個人のありようは周囲の人々によって形づくられる。学校では制服や給食の決まりごとに従わざるを得ない。銭湯では丸裸で他人に、あるいはご近所の人々に見られている。そこにはプライバシーのかけらもない。信号待ちの人たちが黙って立っているのは、みんなが（好むと好まざるを問わず）一緒だからだ。こうした文化的表象と、そこで許される振る舞い。そこからある種の責任感が生まれ、誰もが健康的・衛生的に振る舞い、コミュニティがきちんと機能し、整った公共インフラが維持され、長寿がもたらされる（＊2）。

保証はないが、他者についての考えを深め、周囲をじっくり観察すれば、おのずと一つの気づきに導かれるはずだ。自分は一人ではなく、自分だけではたいした存在ではないということに。それでいい。幸せは、他者を助け、共にあることでもたらされるのだから。

コミュニティの理念は、今も日本の文化に欠かせない。それを支えるのは、集団の一員であることは自分の個性を主張することより大事だという思い。自己主張（自分の属する集団が主張していない何かを個人として主張すること）は、日本の文化では許されない。

私にとって幸いだったのは、日本に多くの寛容な友人がいて、私が変なことをしても笑ってすませてくれたこと。おかげで私の気づきは深まった。私の知るかぎり、日本は世界中で一番、（他者との）関係を重んじる国だ。この国では、あなたが何をしているかよりも、あなたが誰と一緒かが重視される。

日本人は説教好きでもある。友人たちはいつも私の間違いを正してくれ、こうするんだよと実際に見せてくれた。名刺の渡し方、初対面の人にかける言葉、電車に乗ったときの作法。なんでも教わった。

仕事で日本を訪れるようになると、教わったことが役に立った。

最初に仕事で訪れたのは新潟で、2005年ごろのことだ。私は有名料理店「ベニハナ」

の創業者で元オリンピック選手のロッキー青木に、新潟はどんなところかと尋ねた。すると彼は「そりゃ日本のオクラホマだ」と言って笑った。つまり、片田舎ということ（ちなみにこのとき、私たちはマンハッタンの五番街にある彼の超モダンな店にいた）。「心配するなって。みんな田舎者だから」

ロッキーから見ればそうだったのだろうが、実際の新潟市は違った。戦後の再開発で立派な都会になっていた。アメリカの工業都市に引けを取らなかった。

それでも私が恥をかかずに済んだのは、友人の遠藤タケシ（私を招いてくれた人物だ）のおかげだ。私の雇い主は県の酒造組合で、仕事は新潟の酒をアメリカ市場に売り込むこと（＊3）。そして食品会社を経営するタケシは組合に顔が利いた。

タケシは文字どおり私に寄り添って、名刺の渡し方や相手の名刺の受け取り方、受け取った名刺を見て何と言い、その名刺をテーブルのどこに置くかまで教えてくれた。

「まず、お招きいただいて光栄です、と言え」と、タケシは私の耳元でささやいた。「用意していただいたホテルは素晴らしいと礼を言い、期待にそぐわぬよう頑張りますと続けるんだ」

どこの国でも通用しそうな助言もあるが、大事なのはその内容ではない。その具体性と正確なタイミングだ。私は言われたとおり、寸分違わずに繰り返せばいい。一点の曇りもなく、迷いもない。実に明快、裁量の余地なしだ。

まず、もらった名刺を見て、書かれている名前と肩書きを読み上げ、相手の目をちらっと見る（見つめすぎるのは禁物）。そして何かお世辞めいたことを言う。すると相手も私の名刺を見て同じ儀式を繰り返す。それが済んだら、勧められた椅子に腰かけ、もらった名刺をテーブルの手前の隅に並べる。引っ繰り返したりせず、いつでも名前と肩書きを確認できるようにしておく。相手に会うまでに必要な動作も教わった。エレベーターに乗ったらどこに立つか。お辞儀はどんなとき、どんな深さですればいいか。握手をしていいときと、いけないとき。あるいは商談の席で座るべき場所、等々。

こうしたすべてのことは、西洋人が靴ひもの結び方を知っているのと同じくらい当たり前のことだ。当たり前のことを、誰もがするから生活のリズムが保たれる。ユウコは教えてくれた。東京で立ち食いそばの店に行ったら、ちゃんと列に並び、入り口の自動販売機にコインを入れてメニューを選び、出てきたチケットを店員さんに渡すのですよと。シンジは、食事が終わってからシェフにかける言葉を教えてくれた。料亭の女将さんが店の前に立って私たちを見送り、ずっと頭を下げていたときに過剰反応しないよう教えてくれたのはユミ。そしてジロウさんは、車に乗るときはどちら側に座ればいいか、「カモってのは田んぼの稲を食っちまう害鳥だ」と言う農家の人に何と答えればいいかも教えてくれた。

そのジロウさんと一緒に石川県で、あるアイリッシュ・パブに行ったときのこと。オーナーの趣味で家具も壁紙もアイルランドから運んできたこだわりの店だったが、店を出る前にジロウさんに言われた。「あなたのスーツも素晴らしいと、ほめてくださいね」

異国の異文化に接するときのこの種の手引きは、数え上げればきりがない。たくさんの秘密や秘訣を教わって、習ったとおりに振る舞っていれば、まず安心だ。

しかし、日本にいる外国人はある意味、娯楽の対象でもある。みんなから観察されている。外国人である私が作法や所作を正しくやっても間違っても、現地の人にはおかしく見える。ある会食の席で、私が割り箸の包み紙をていねいにたたんで、箸置にしたときのこと。タケシは大笑いした。

「何がおかしいのですか?」

「それ、教えたのは女性だろう」と彼は言った。

「ええ、まあ」

「日本人でも、男はそんなことしない」

「そうなんですか」

「気にするな」と言って、タケシはまた笑った。「念のためさ」

あるいは、電子メールであれ居酒屋で急にあいさつを求められた場合であれ、私が敬語を正しく使うと、たいてい知人の誰かが耳元でささやく。「いいぞ、まるで日本人だ！」

あ、ありがとう。そうかもね。

身内の集まりであれ見知らぬ人たちとの会合であれ、仲間を増やしたければ先手必勝。まずは自分から手を差しのべ、相手との間に何か共通の話題がないかを探ることだ。互いに気を許せるようになるまでは、これを続ける。

臨床家としての私は、たとえば殺人未遂で10年の刑を終えたばかりの男と並んで、池にたたずむカモの親子の様子をじっと見つめたりする。固く閉じられた心が、これで開く。相手がＤＶ（家庭内暴力）を逃れてシェルターに身を寄せている女性なら、温かい得意料理のレシピを教わったりする。それで彼女の心はなごむ。

出所者の反社会性や事件の重大さに目をつむるわけではない。ＤＶ被害者の心の傷を軽く見るのでもない。まずは相手との間に信頼関係を築き、同じ人間としての共通項を見出したい。それだけだ。それに、しょせん私は医者ではない。

同じ人間として、私たちのもつ共通項から始める。そうすれば、気づくはずだ。どんなに異質な人との間でも、共通しない点より共通するもののほうが多いことに。

これが仲間づくりの出発点（終着点ではない、念のため）。仲間の大切さに関する日本人の気づき、それをアメリカでの暮らしにも持ち込もうと努めてきたこと。そのおかげで私の心がどれだけ平穏になり、他人と接しやすくなったことか。身勝手な反応で他人とぶつかることは減り、じっくり人を観察できるようになった。

映画の一場面に入り込んだ自分を想像してみよう。空港にいる場面、スーパーで買い物をしている場面、交通渋滞に巻き込まれた場面とかだ。

そんな場面で、単独ではなく集団にまぎれて流される自分の姿を見つめる。すると、あせりが消える。そして集団の一部だと感じられ、そんな自分を冷静に観察できる。

その気になって見回せば、集団はどこにでもあることに気づくだろう。そして自分がその一員であることにも。その集団の存在に気づこうとさえしない人たちにも、よく見れば意外なほど多くの共通点があるものだ。

よく見て、話を聞き、その人の気配を感じれば、ああ自分の家族にもこんな人がいたなと思い出したりする。そうすると、この人の役に立ちたいという思いが生じ、満ち足りた気分になれる。

日々の、ごく些細な作法や習慣のおかげで、日本では誰もが身勝手な行動を控え、我欲を捨てて周囲の人に溶け込める（そうするよう求められる場面もある）。おかげで自分はそんなに偉くないと思えてくるし、人との関係や自然とのつながりが深まり、他者を気づかう思いも深まる。こうした日々の積み重ねで、人は充足を知り、幸せを感じる。

こういう日本での暮らし方、その核にあるアクセプタンス（受け入れ）の美学を、私たち西洋人もシェアしたいものだ。

自分の利害よりも他人のニーズを優先する暮らし。それはどんなものだろう？　もちろん、利己より利他の精神を重んじる国は日本だけではない。しかし日本では、この利他の精神が社会制度やシステムを動かしている。

ちなみに、西洋人で利他主義の精神を最もよく体現していたのは19世紀イギリスの詩人ジョン・キーツだろう。彼の膨大な書簡のひとつに、こんな一節がある。「もしも一羽のスズメが私の窓辺にとまったら、私はその存在に乗り移り、地べた目線でものを見たい……（そうすれば）すぐに私の存在は抹消される」

自分の存在が抹消されるのを望むなんて正気の沙汰じゃない、と言うなかれ。キーツは200年前（1821年）に25歳の若さで、結核で（小鳥ではなく、ミクロの細菌のせいで）死んだ。彼が言わんとしたこと、私が言いたいこと、そして日本人がすぐれているのは、自己中心の露骨な利己主義を抹消することだ。

自分が自分のベスト・フレンド（最高の友）だと思うのは間違いだ。自然を観察し、直感的で自己を超えたものにフォーカスする。そうすれば自分の固い頭から解き放たれ、すごく楽になれる。

日本では、みんなそうしている。

2 アクセプタンス

日本には「アクセプタンス」を意味する語がたくさんある。話す相手や状況により、アクセプタンス（受け入れ）に相当する適切な日本語を使い分けねばならない。話すときも聞くときも、これがけっこう大変だ。

そもそも日本語には、さまざまな意味のシンボルや表象として機能する言葉や言い回しがたくさんある（＊4）。

この本を書こうと思い立ったとき、私は日本の友人たちに協力を求めた。この国でのアクセプタンスが意味するところをもっと深いレベルで理解するには、この国で育ち、文化や伝統が身に染みついている人たちの助けが必要だった。

さて、アクセプタンスは日本語で何と言うのか。

東京在住の通訳・翻訳者（大日向）ユミさんは4つの単語を教えてくれ、それぞれをどんな文脈で、どう使い分けるかを説明してくれた。

「わが子のしたことを母親がやさしくアクセプトするのは『受け入れる』。わが子が何かに驚いて感情を爆発させたとき、それをアクセプトするのは『受け止める』。キリスト教の宣教師を日本がアクセプトしたのは『採り入れる』。そして『受け流す』は、受け取ったものをさらっと水に流してしまう場合に使う」

ちょっと難しい。でもユミさんはていねいに教えてくれた。

「川に入ったときは、流れに対して横向きに立つでしょ。そうすると水の圧力を逃がせるから楽に立っていられる。それと同じで、日本の人は災害も人生の一部とアクセプトして『受け流す』ようにする。そうすれば心理的にあまり落ち込まないですむから。『聞き流す』というのもあって、これは聞いたことを水に流すという意味。誰かの愚痴を真剣に聞いているふりをして、実はちっとも気にしてないのね」

「それから『受容する』。これは西洋のモダンな思想や制度をアクセプトするとかの場合に使える」

これでアクセプタンスに対応する日本語は6つ。でも、いちばん日常的に使えるのは『受け入れる』だとユミさんは言った。

ユミさんとは何年も前から家族ぐるみのつきあいだ。息子のノゾミ君が2週間ほどわが家に滞在したときは、彼の卒論のテーマ（ホロコースト後の欧州におけるユダヤ系哲学者の動向）について深い議論をさせてもらった。夫婦そろって銀座の高級居酒屋で食事したこともある。ユミさんとお茶を楽しんだのは静岡県の下田。そう、1853年7月に悪名高い黒船が押しかけて、ペリー提督が幕府に貿易と開港を要求した場所だ。

こういう友情の積み重ねがあったから、ユミさんは日本におけるアクセプタンスの多様な意味をていねいに教えてくれた。おかげで私の理解は深まった。

次に質問したのは（鶴沢）キヨミさん。初めて会ったのは私が石川県の山中温泉にある旅館「かよう亭」に滞在していたときで、彼女は通訳として、地元の職人たちに取材する私に何日も同行してくれた。私たちは当地の伝統工芸についてもいろいろ話したが、最高に盛り上がったのはジャズの話だった（＊5）。

「アクセプタンスに相当する日本語はたくさんあるけど、あえて選べばこの6つ。本当は

もっとあるの！」。そう言って教えてくれたのは
『承諾』
『受容』
『支持』
『忍従』
『合格』
『受け入れる』

キヨミさんによれば「『承諾』は招待をアクセプトすること。贈り物をアクセプトするのは『受容』。ある主張や思想をアクセプトするのは『支持』。困難をアクセプトするのは『忍従』。面接した人をアクセプトするのは『合格』。そして『受け入れる』は、現実をアクセプトすること」だ。

なるほど。私は最終的に「受け入れる」を「わが子のしたことをやさしくアクセプトする母親のように、うれしく思って現実をアクセプトすること」と定義した。

この「受け入れる」の精神で毎日を生きるとはどんなことだろう？「受け入れ」た人はどう振る舞い、何を語るのか？「受け入れ」のもたらす幸せを実感するには、いったい何をすればいいのか？

もちろん、自分を受け入れる（自己受容）だけでは足りない。家族との関係、学校や職場、コミュニティとの関係も受け入れる。他者を受け入れる。現実を受け入れ、狭くて窮屈で疲れるだけの「自我」を打ち破って広げる。それが「受け入れる」ということだ。

はかないもの、不完全なものを慈《いつく》しむことを通じて、「受け入れる」の精神は昔の禅宗や神道の思想を現代の日本に伝え、幸福感や満足感をもたらしている。何百年も前から続く日本独特の美学を見ればいい。もともとは権力層、つまり宗教的な権威と封建領主の不思議なコラボレーションから生まれた見方だが、そこでは喪失（お粗末な社会制度、科学的知識の欠如、進歩のない社会経済構造、厳しい自然環境など）に美を見出す。実際には無知に由来するのだが、そんな生きづらさに絶望することなく、むしろ受け入れ、時には喪失を求めさえすることに人生の意義を見出す美学だ。

目指すのは、気づきがあって自信に満ち、ゆったりした精神状態。あなたは喪失も敗北もしっかり受け入れる。そして「自分」がいやおうなく自然や社会との関係性のうえに実現されるものであることに気づく。

ところがアメリカ社会は個人を先に立て、幸福を目標とする。そして個人の幸福を追求する過程で誰かを蹴落とすことになっても、それはまあ、その誰かさんに運がなかったということになる。要は「勝つか負けるか」、「嫌なら出て行け」であり、大事なのは「自分のため」

になるかどうかだ。

一方、「受け入れる」の精神だと、自分と他者のつながりが強くなる。そして自分を、さらには周囲を変えていく強さが得られる。

社会全体の根深い差別意識であれ自社のお粗末な顧客対応であれ、何かを変えていくには平常心を保ち、問題にフォーカスし、慎重かつ果敢に取り組む必要がある。だから何らかのプランが欲しい。

そのプランこそが「受け入れる」だ。まずは自分自身を、家族を、同僚を、そして自分の属するコミュニティを受け入れる。そうすれば自分以外の人の視点が理解できる。

そういう気づき、冷静な自覚を欠いていたら何も変えられない。ストレスの原因となっている状況は変えられない。

幸せになり、孤独や不安、悲しみの原因となっている問題を解決するのに武器はいらない。必要なのは一服のお茶と、たっぷりの湯に身を浸すこと、そして睡眠。これで十分。これで心の平穏を取り戻せば、変化を起こすのに必要なエネルギーが湧いてくる。

日本の文化に由来する作法や習慣を実践することで、私は観察することにも読むことにも書くことにも、以前よりずっと集中できるようになった。時はゆっくり流れるようになり、やたら先のことを考えたり、過ぎたことを悔やんだりしなくなった。「受け入れる」のおかげで「今」に集中する心構えができた。

他人、とくに自分と意見の合わない人の視点から状況を見、その見方を受け入れる。そうすることで私は気づいた。私が腹を立てていたことの多くが、実は些細なことだという事実に。もしも誰か（好きな人でも職場の同僚でも、知人でも見知らぬ人でもいい）に腹が立っても、今はむきになって反応せずにいられる。そもそも腹を立てる理由などない。気になるのは、あなたが気にするからだ。本当は気にする必要などないし、どうせ何か月かすれば忘れてしまう。そのころには、きっと別な心配事ができているから。

もしも本当に気にする必要があり、それがストレスの原因になっているなら、まずはその状況を受け入れよう。腹立ちまぎれに行動を起こさず、少し時間をおいて、気が鎮まるのを待ち、それから解決策を考えればいい。

何かに腹が立っても、今の私はこう考えるようにしている。腹を立てているのは相手のほうで、自分ではないと。怒りやすい人はいつも怒っている。だから、その怒りの一つに遭遇したくらいで驚いてはいけない。あなたから見て厄介な人は、きっとその人自身にとっても厄介な存在だ。短気な人が、誰もいない森の奥でも短気を起こすのと同じだ。

日本人は心配事や失敗を長く引きずらない。この姿勢は、ぜひ私たちの暮らしにも採り入れたい。

怒りについても、そのストレスや徒労感を認識していれば、一歩手前で怒りを抑えられる。怒った後で気分爽快という人は滅多にいないし、そのストレスを解消するにはまた怒るしかない。そんなことに使う時間もエネルギーも無駄だ。

意識的に、私はストレスの原因を避けようと努めている。ストレスになりそうな状況も、その手の人もできるだけ避ける。ネガティブな人や事物はひたすら遠ざけ、自分を元気にしてくれそうな人や事物とつながることにフォーカスする。

「受け入れる」は従属とは違う。降参とも違う。有害なだけのことを引き受け、虐待的・搾取的な関係に黙って従うのとも違う。その意味するところは、「私は何者か」の答えはかなりの程度まで、まわりに誰がいるかで決まるということだ。言い換えれば、自分をまわりの人と無関係な存在として考えないことだ。

自己中心的な考え方を捨てれば、ストレスの原因となる状況をみんなで変えていこうという気になれる。好ましくて大切な人間関係を築き、そこに加わることができる。

「私は何者か」という点に関して言えば、アメリカでは個人が集団よりも先に立つが、日本は逆だ。日本では集団が個人のアイデンティティを大きく左右する。

この違いについては、臨床心理学者の河合隼雄がアメリカでの講演（岩波現代文庫『ユング心理学と仏教』所収）で、実にわかりやすい例を示している。日本人が何か講演をする場合、ふつうは弁解から始めると河合は言う。「まず、私にはこの場で講演するような資格はなく、心理療法について話す知識も持ち合わせていないと言わねばならない」。なぜか。どこかに集まると「日本人はある種の一体感を共有」するからだ。その際、互いが以前からの知り合いか初対面かは関係ない。「誰であれ、他と離れて一人立ちしてはいけない」のだと河合は言い、対してアメリカの講演者は何かジョークを言って、「みんなが一緒に笑うことで一体感を感じられるようにする」と指摘している。

ちなみに人類学者のゴードン・マシューズはその著書（232ページ＊1参照）で、日本人と西洋人のメンタリティの違いを論じた浜口恵俊（1931〜2008年、社会学者）の「間人」という概念を紹介している。つまり、日本人は他者とのつながりに自らのアイデンティティを見出す「間人」であり、自律的な自我のうちにアイデンティティを見出す西洋人とは異なるということだ。

どちらがベターか。集団でつながる日本か、あくまでも個で勝負するアメリカか。

どちらでもないと、私は思う。朝から晩まで集団に縛られていたいと思う人はいない。どんな集団からも切り離され、たった一人で世界に立ち向かう孤独を愛する人もいない。そうではなく、河合が言うように、日本とアメリカ、両方の文化のベストな部分を持ち寄るのがいい。ポストモダンの意識を求めるなら、と河合は言う。「お互いが他から学び、何か新しいものを見出す」のが一番だと。

日本でアクセプタンス（受け入れ）と沈黙の文化が育ったのには理由がある。今日でさえ、日本の人間関係には昔ながらのスタイルや話し方、習慣や型、暗黙の了解が見られる。それはアメリカでの交際や仕事のしかた、余暇の楽しみ方、家族や夫婦の関係とは異なるものだ。その背景には、日本に固有のさまざまな事情がある。極東の島国という地理的な条件から、長きにわたり社会が変化しなかった。たいていの国に比べて、日本の文化は何百年も変わらず、隔絶されていた。

アメリカの場合、先住民や国境を接するメキシコからの移民を別にすれば、たいていの人は祖先の地から遠く離れて暮らしている。祖父母・曾祖父母の国や民族の歴史や風俗を引き継いではいても、アメリカに暮らす人の気質は新たにつくられる。

そこで生まれたのが、この国では誰もが望む者になれる（つまり「夢はかなう」）という神話だ。名前を変えられる、容姿を変えられる、目標も変えられる。集団の規範に縛られる必要はない。親と同じに生きる必要はない。貧乏人に生まれても金持ちになれる。

この夢が実現しないと知ったとき、アメリカで生きるのはつらくなる。アメリカの神話に描かれた人間（金持ち）になれないのは自分のせいだと思ってしまう。自分がダメなのは努力（あるいは勤労、または信仰）が足りないからだと思ってしまう。

しかしハーバード大学の経済学者ラジ・チェティに言わせると、この思い込みは間違いだ。チェティらの開発した全米オポチュニティ・アトラス（機会地図）を開いてみれば、将来の成功は個人の努力よりも住む地域に左右されることがわかる。

まずは彼らのウェブサイト（www.opportunityatlas.org）にアクセスし、自分の郵便番号を入力して検索するといい。育った地域の所得水準と、自分の将来的な経済力の間に強い相関があることを思い知らされる。むろん、貧しい地区で育っても経済的に成功する人はいる。高級住宅地で育っても落ちぶれる人はいる。しかし納税記録などのデータを解析すると、たいていの人は上にも下にも行っていない。

ただし、努力すれば報われるというアメリカン・ドリームが否定されたわけではない。努力しても無駄だと言うのではない。そうではなく、努力しても報われない場合、その原因は人種や性別、階級の違いによる経済的機会の構造的な欠如にあるかもしれないということだ。

あなたの抱えるストレス（不満や怒り、そして痛み）はあなただけの問題ではない。そう気づけば目の前が明るくなるだろう。あなたは何らかの集団（富裕層か貧困層か、白人か黒人かアジア系か中南米系か、中産階級か労働者階級か、異性愛かＬＧＢＴか、など）に属しているのであり、あなたを不幸にしている問題はあなたの属する集団の他の成員をも不幸にしている可能性が高い。あなたは、ひとりじゃない。

ストレスを自分だけの問題と考えてはいけない。もちろん自分を変えようと努力するのはいいが、それだけでは、あなたの属する集団を不幸にしている原因を排除できない。仕方ないと耐え忍ぶか、とんでもないと立ち上がるかはあなた次第。どちらを選ぶにせよ、ストレスの原因を正しく理解することは大事だ。

幸せについて語るなら、不幸せの経済学にも触れなければならない。ラジ・チェティは私に言ったものだ。「私の親族は世界中に散らばっている。だから私は知っている。（どこの国でも）成功は努力だけで得られるものではないことを」

どの国にも神話や夢があり、多くの国民がそれを信じ、それに鼓舞されていることだろう。しかし、それを文字どおりに信じたら重荷になり、ストレスの原因になる。

アメリカに行けば誰でも自分の好きな自分になれるというのは嘘だ。たくさん稼いで自分の親より豊かな階級に上がれるというのは嘘だ。（西部劇に出てくる保安官よろしく）アメリカ人なら世界の警察官になれるというのも嘘だ。もちろん、アメリカには親の代よりずっと大きな財産を築き上げる人がいる。それは事実だが、統計的に見れば、たいていの人は自分の生まれ育った場所や環境の所得水準から抜け出せない。運がよければ宝くじやギャンブルで稼げるが、それはアメリカン・ドリームとは関係ない。

脚本家のデビッド・マメットが、あるインタビューで言っていた。映画会社が自分に巨額の報酬を払うのは、他の人たちの目をくらませ、羨望の念を抱かせるためだと。つまり一握りの「勝ち組」がいれば、その他大勢の負け組は「いつか自分も」という非現実的な夢にしがみつく。そして誰も、そのシステムを変えようとはしない。ギャンブル依存症と同じだ。

神話を信じ、大当たりを夢見て生きるのはエキサイティングかもしれないが、それだけでは人を差別や貧困に閉じ込めている諸制度(学校や企業、警察、医療制度など)の問題が見えてこない。つまり、周囲の現実が見えない。

そうなると、人は自分に宣告したくなる。自分が不幸なのは自分のせいだ、夢を実現できないのは自分がダメだからだ!

神話は、こうして人々の目を真の問題からそらし、変革の意欲をそぐ。そして自分を呪い、自分を罰するように仕向け、ストレスの原因を取り除くための行動を起こさせない。

アメリカでは誰もが自分の好きな自分になれると信じ、それでも夢を実現できないとしたら、悪いのは誰か?

自分だ、ということになってしまう。

日本にある現代の神話も、国や民族の発展と密接に結びついている。たとえば、見せかけの結束。「みんなそろって整理整頓、きれいにしましょう」の神話だ（＊6）。

この神話が生まれたのは遠い昔、生きるためには結束が不可欠だった時代のことだろう。そのころ自然は危険にあふれていて、とても一人では太刀打ちできなかった。それに、長らく日本の経済を支えてきた稲作には大勢の人の共同作業が必要だった。見知らぬ人とも一緒に働き、見せかけだけでも調和の取れた集団規範をつくり出す。それが見せかけの結束であり、みんながそれを目指せば安全を確保でき、収穫も上がるわけだ。

この神話に従えば、人は行動を起こす前に、自分の行動が他者に与える影響を考えねばならない。全体の流れを邪魔してはいけない。一緒に動かなければ、ベストな結果は得られない。

地理的に見ると、日本は苛酷な状況に置かれている。地震や津波、火山の爆発がこんなに多い国は滅多にない。もともと山が多くて海に囲まれた国なのに、近代になって工業化が進んだ結果、耕作可能な土地は国土の11・7％しか残っていない。米国務省の『CIA世界ファクトブック』によれば、この数字は世界第51位でイタリアよりも少ない。結果、20世紀前半までは飢饉や食料不足が頻繁に起きていた。

今の日本は豊かだから、大量の食物を外国から輸入できる。米は東南アジアから、フルーツは南米やアフリカから、大豆はアメリカや中国から。気がつけば日本料理に欠かせない醤油や味噌、豆腐も、その材料である大豆を輸入に頼っている。「国産大豆を使用」はブランド品の証だ。

地形と自給できる食物が国民性を決めるのは世の常だが、日本には島国という地理的な制約もある。大陸から切り離されているため、日本文化に影響を及ぼす外国（古くは中国や朝鮮、その後はポルトガルやオランダ、アメリカ、今は世界中）の文化も、上陸してから定着するまでには既存の日本社会によって変形され、醸成されることになる。

こうした事情のすべてが日本の集団を独特なものとし、日本人の意識と社会的結束の核としている。集団形成には経験の共有が一番で、みんなに同じ服を着せ、同じ行動を反復させればいい。そうすれば、みんな同じに見える。

そして互いに尊重しあえる範囲で個性の違いを認め、推奨する。アメリカン・ドリームを実現できなかったら自分を責めるのがアメリカ人なら、日本人が自分を責めるのは集団の規範に馴染めず、集団の期待に応えられなかったときだ。

それでも、すぐれて個人主義的な文化がアメリカに多大な利益をもたらしているのと同様、こうした集団づくりの卓越した能力は日本の役に立ってきた。

銭湯で入浴するときのしきたり。お祈りのしかた。日々の飲食の作法、敬語の使い方、そして何よりも他者と集団の存在を黙って「受け入れる」こと。

そうした場面での個人の行動を、日本文化は実に巧みに社会構造と同調させている。こうした同調の要請（集団としての自覚や集団への帰属意識を高めることを含む）ゆえに、アクセプタンス（受け入れ）の精神は日本で生きるのに不可欠なものとなった。

日本人は発明や創造よりも改良が得意だという。それは賞賛でも揶揄でもあるのだが、実を言えば日本は芸術の面で稀有な創造性を発揮してきた国でもある。改良上手なだけでなく、すごくオリジナリティに富んだ面もある。

日本はことのほか集団行動を重視する国だが、個人の努力も大事とされる（ただし、それが集団の役に立ち、その独自のアプローチが集団の利益とぶつからず、あるいは誰も試したことのない斬新なものである場合に限る）。完璧さの追求は日々の生活でも奨励される。新幹線の誘致であれ治安の改善であれ医療施設の充実であれ、自分たちの地域社会に役立ちそうな目標を高く掲げるのは（たとえ目標達成の可能性が低くても）当たり前のこととされる。

日本の美食の伝統にも、快楽の共有によって集団の文化や幸福を高める術が隠されている。そもそも、この国では昔から食材や調理法のバラエティが限られている。だからたいていの人が似たようなものを食べてきた。選択肢が少ないからこそ、より深い味わいが追求される。日本中どこでも、大衆的な食堂の定番メニューは焼き鳥にラーメン、うどん、そば、ご飯、そしてトンカツだ。つまり、みんなが似たようなものを食べている。一つの食材しか扱わない店もあり、セットメニュー（定食）だけの店もある。メニューなしの店も少なくない。すべてはシェフの「おまかせ」で、客はみんな同じものを食べる（健康上の理由や、信仰または思想信条により食材を制限されている人は困ってしまう）。

アメリカにも感謝祭の日にはターキーを食べる習慣があって、たいていの人は嬉々としてそれを守っている。思うに、アメリカ人も同じ料理や経験を全員でシェアすれば心を一つにできるかもしれない――たとえ一夜限りのことであっても。

みんなが同じものを、そして箸の置き方から座る席、ご飯の出てくるタイミングまで同じように食べていたら、心が一つになるのも自然なことだ。そう言えば、アメリカの人気ラッパー、Qティップの「われら人民（ウイ・ザ・ピープル）」と題する歌に、こんな一節があった。「腹が減ったら、食らうものはみな同じ、ラーメン・ヌードルさ」

日本では、この「みな同じ」感が日々の暮らしにあふれている。他人と同じラーメンを食べるのは、「ほら、私も君たちの仲間だぞ」というサインでもある。

食べることが集団の一員であることの証なら、それは食材を通じて自然とつながる努力でもある。集団で自然に接する機会（花見や紅葉狩り、潮干狩りなど）は今の日本にもたくさんあり、その歴史は長い。

日本の芸術に自然が主要な主題として立ち現れたのは平安時代（794～1185年）のことだ。当時のアーチストを魅了し、今の日本人の意識にも多大な影響を与えているのは、長くは続かないもの（桜の花や蛙［の飛び込む音］、スズムシ、ホタルなど）に意識を集中し、そのはかなさを「受け入れる」姿勢だ。

はかなさへの執着、はかなさの受容については、現代作家の村上春樹も言及している。彼もまた、すぐに消え去るものに惹かれるからだ。精神を集中して注意深く観察しなければ、私たちはそうしたものを見失い、自然から切り離されてしまう。

桜の花もホタルも紅葉も、あっと言う間にその美しさを失う。……それらがただ美しいだけでなく、早くも散り始め、小さな光や鮮やかな色彩を失いかけていることに気づくと、私たちはなぜかほっとする。美しさがピークを迎え、すぐさま消えてゆくことに心の安らぎを覚える。村上はそんなふうに書いている。

そして失われた後は、日本人はその不在を愛でる。不在は存在と同じくらいに（もしかするとそれ以上に）大切にされる。喪失がもたらす心の安らぎ。そこにアクセプタンスの深遠な形がある。

室町時代（1336〜1573年）には「幽玄」ということが言われた。私の聞いたところでは、「幽」はなにやら計り知れず謎めいたものを意味するらしい。この概念は日本のアートや日本人の心理を理解するのに不可欠だ。幽玄の世界では、物事は（明示されるのではなく）示唆される。だから深く観察しないとわからない。そして観察力を研ぎすますには沈黙が必要になる。無駄口を叩かず、耳を傾け、気を吸い込み、いま自分が目で見て肌で感じているのは自然の核にある秘められた何かの表象なのであり、我を捨て先入観を捨ててこそ、それを見届けることができると信じねばならない。このプロセスを通じて、あなたは同じように見届けようと努めている人たちの仲間に加わる。見届けようとしている対象の一部ともなる。直接に体験されるのではなく、示唆されるだけの美。それは黙して観察しないかぎり見えてこない。そのはかなさに共鳴し、物事には現に見えている以上の(あるいは以下の)何かがあるという信念を受け入れねばならない。

幽玄の要素をもつ何かに対面するとき、人はその何かのなかに入り込み、そこで起きている何かの一部となる(外から観察するのとは違う感覚だ)。それを理解し、味わい、受け入れるには長くて真摯な、そして沈黙の集中が必要とされる。もちろん先入観や個人的な意見は遠ざけねばならない。そんなものに邪魔されたら目が曇り、対象そのものが見えなくなってしまう。

日本の書や陶器、漆器、あるいは和紙などを目にすると、人はその対象の一部になったように感じる。ただ個人として鑑賞するだけでなく、他の人も同じように感じているだろうことを実感できるからだ。こうした美学を共有し、その感動が多くの人にシェアされるということ。それが日本における集団精神の醸成に役立っている。

この集団精神を、日本語では「日本のこころ」と呼ぶ。日本人の共有する美学の理解には欠かせないものだ（＊7）。

自然の流れに身を委ねて自分の居場所を受け入れれば、集中して深く感じ、考えることも容易になる。観察に徹して無駄口を慎めばアクセプタンスの幅が広がる。

内省と観察の能力を鍛え、それを通じて自然があなたに何を期待しているかを、あなたにとって最も大切なものは何かを理解しようと努める。そうすれば受け入れることが可能になる。他の人の感じ方や考え方、恐れや望みを受け入れることができる。そうした人の助けになれるかもしれない。運がよければ、あなたの人生におけるストレスの原因を解消する気力も湧くだろう（ヒントを一つ。問題はあなた自身にあるのじゃない。あなたと他者、あるいは環境との関係にある）。

自分の不完全さを見つめ、生のはかなさに気づいたら、あとは「受け入れる」の精神でスローダウンし、まずは自分と自分のいる場所の現状を受け入れよう。完全な人生はないし、完全な関係もない。ならば現状を受け入れたらいい。どうせ現状もはかないのだから（そう、どんな痛みも永遠には続かない)。

日本の俳句に強い影響を受けた詩人エズラ・パウンドが書いている。有名な詩で、「受け入れる」の意味をみごとに言い当てている。

そして日は満ちず
そして夜は満ちず
そして人生は野ねずみのように
草も揺らさず過ぎていく

And the days are not full enough
And the nights are not full enough
And life slips by like a field mouse
Not shaking the grass.

—*Ezra Pound*

人生を十全に生きたければ自然に寄り添うこと。そして時は短く、私たちがどうあがいても自然は微動だにしないという事実を受け入れること。私たちはちっぽけな存在だ。

この「受け入れる」の精神を実践に移すにはどうしたらいいか。まずは自分への執着を捨てること。自分の幸せより、他人がどう感じているかのほうが大事だと気づくこと。人の幸福度は、他人にどれだけの満足を与えるかで決まる。そして毎日、なにも生産的なことをせずに過ごす時間をもち、自分自身から抜け出す。そうすると気分がリフレッシュされ、若返ったように感じられる。

こういう考え方が、日本には何百年も前からある。なにしろ「無為の勧め」を説く本が古典的名著として読み継がれている。題して『徒然草』、禅僧の吉田兼好が1330年から1332年にかけて書き綴ったとされるもので、観察の大切さと、我欲を捨てたときに得られる心の穏やかさを教えてくれる。

ひとたび自然や他者との関係における自分の立ち位置を受け入れれば、心が穏やかになり、余計なストレスの原因を取り除くこともできるだろう。

人気コメディアンのジェリー・サインフェルドは、コメディとは何かと問われたときに言った。自分の仕事場には銀河の星座マップが置いてあり、それを眺めると自分がちっぽけな存在であることに気づき、肩が軽くなるのだと。まさしく「受け入れる」の精神だ。彼は「禅の教えが身にしみる」とも語っている。別なインタビューではこうも言った。「自分が楽しみたいとは思わない。そんなことはどうでもいい。大切なのは、お客さんを楽しませることだ」

アリアナ・ハフィントン（女性向けニュースサイト「ハフィントンポスト」の創設者）はかつて、働く人が仮眠を取れる空間を提供する会社を立ち上げている。目を閉じて、何もしないで過ごす時間の提供。これも「受け入れる」の実践と言える。旅行雑誌の「アファー」によれば、近年は都会の真ん中に、誰もが一緒に入浴できる施設が増えているとか。これもまた「受け入れる」だ。

日本には「受け入れる」を体験できる場所や機会がたくさんある。静かな喫茶店や職場の仮眠室、四季折々の祭りや行事、街角の銭湯などだ。いつでもどこでも、職場でも家庭でも、日本の人は気を静めて怒りを抑え、他者のニーズに気を配り、自然な秩序のなかで自分の居場所を受け入れる。日本の社会が調和し、コミュニティが健全で、幸せを感じる人が多いのは、「受け入れる」の精神が日々の暮らしに生きているからだ。

禅の公案（問答）に、この「受け入れ」のパワーに関する興味深い話がある。あるとき、仏陀が村にやってきた。たちまち尊崇する人々が集まり、口々に歓迎の言葉を唱えた。だがただ一人、群れから離れて立ち、声高に仏陀を非難する男がいた。仏陀は泥棒だ、富と名声が欲しいだけだと、声が枯れるまで叫び続けた。そこへ仏陀が歩み寄り、男に尋ねた。もう叫ぶのは終わりですか？　そうだと男が答えると、仏陀はさらに尋ねた。「もしもあなたが誰かに贈り物をし、その人が受け取るのを拒んだとしたら、さて、そのとき贈り物は誰のものでしょう？」。男は鼻で笑い、これだから仏陀は愚かなんだと言った。「決まってるだろ、贈り物をしようとした人のものさ」。すると仏陀は「そのとおり」だと言って、こう続けた。「あなたは私にあなたの怒りを贈ろうとし、私はその受け取りを拒んだ。だから、その怒りは今もあなたのものです。あなたの怒りなど、誰も欲しがりませんよ」

みごとな「受け入れ」方ではないか。西洋には、こんなふうにして怒りや恐怖、議論に対処する手はなかった。むやみに反応せず、しかし状況をコントロールし、相手の感情を理解し、受け止め、そのうえで自分がどう動くか（あるいは、動かないか）を決め、相手との関係を保ちながら、その場の流れを変えてしまう。

怒りのメールが来たときや、礼儀知らずの人に会ったとき、あるいは卑劣な言葉をかけられたとき、私はこの公案を思い出す。そして、この贈られてきた怒りは自分のものじゃないと自分に言い聞かす（＊8）。

集団の大切さへの気づきを通じて、日本は結束力の強い社会を生み出し、それを活かしている。だから暴動も銃の乱射も起きないし、麻薬の乱用も広がらない。都会は安全で社会秩序は守られ、結果として、女性の就業率もアメリカより高くなった（＊9）。

日本は国民の平均余命でもアメリカを上回っている。そして医療費は日本のほうが少ない。国家予算に占める医療費の割合は日本が約10%、アメリカは約17%だ。集団の利益を(個人の権利よりも)優先する日本人は、公衆衛生上の規則をよく守る。だから結果的に医療費が少なくて済むという事情もあるようだ。

アクセプタンス、長寿、地域の絆

アメリカの平均余命は世界35位、日本は2位だ(ちなみに1位は香港で平均84・7歳。日本は84・5歳、アメリカは78・9歳)。デビッド・ピリングが2018年の著書『幻想の経済成長』で書いたように、「日本人はアメリカ人の半分しか金を使わず、4年も長生き」している。

アメリカにおける公衆衛生の司令塔CDC(疾病管理予防センター)によれば、アメリカでは2010年代の後半に、平均余命が3年連続で短くなった。この「心配な傾向の背景にあるのは主として薬物の乱用と自殺(の増加)だ」とCDCは言う。「平均余命は国民の健康状態を示す鏡であり、この悲しむべき数字は私たちへの警鐘だ。この国はあまりに多くのアメリカ人を、あまりに早く、あまりに頻繁に失っている。その原因となる状況は、いずれも予防可能なのに」

アクセプタンスは、世の中の不平等や社会の底辺に生きる人々(就労に必要な技能を身につける機会を奪われた人、慢性疾患や精神障害を抱える人、学校に行けなかった人、あるいは単に社会に適応できない人など）への最低限のサポートにも役立つ。彼らを切り捨て、隔離し、烙印を押し、あるいは追い出そうとするよりも、彼らにも人間としての価値があることを受け入れるルールや規制を採り入れたほうがいい。もちろん日本も完璧には程遠いが、世界の他の国々と比べれば、少なくとも民族的日本人に関するかぎり、ずっと格差は小さく差別は少ない（＊10）。

「受け入れる」の精神のおかげで、日本の人は長生きし、よその国より幸せに暮らしている。それが長寿や幸福をもたらすわけではないが、長寿や幸福感に大きく貢献しているのは間違いない。それなりの豊かさと地域の絆、そして伝統が守られているのも「受け入れる」のおかげだ。

アメリカ社会のオープンさと多様性、そして楽観性に日本的な「受け入れる」の精神を加えれば、河合隼雄が言うように、長寿で誰もが幸せでいられる新しい社会モデルができるに違いない。

個人の利益や自分の成長を最優先するのは間違いだ。むしろ相手の存在を受け入れ、耳を傾け、きちんと話をし、地域社会と人間関係を大事にすることを通じて幸福感を育てれば、もっと大きな成果が得られる。一番大事なのは、他人の役に立つ人間になることだ。

日本の文化とアメリカの文化を足し合わせれば、1＋1＝2以上の成果が得られるだろう。本書が目指すのも、「受け入れる」の精神を育ててきた日本人の行動や習慣をわかりやすく紹介し、それを日々の暮らしに採り入れてもらうことだ。

次章からは各論に入るが、その前に一つだけ、つけ加えておきたい。

いいとこ取り、あきらめ、文化の横領

1871年、明治維新から3年たって日本の指導者たちは気づいた。封建制を終わらせたのはいいけれど、近代世界で他国と競争し、独立を守っていくには、まずもって西洋社会に追いつく必要があると。それでアメリカとヨーロッパに岩倉具視を代表とする使節団を送り込むことにした。各国のベストな制度を見つけて持ち帰り、日本社会に適用すれば国力を強化できると考えたからだ。

そして輸送機関などのインフラはアメリカ（当時はアメリカも鉄道が主役だった）に、王室とセットの議会制民主主義はイギリスに、科学研究の方法論や大学制度はプロイセン（現在のドイツ）に学ぶと決めた。

こうして日本の伝統的な流儀に欧米流の制度を持ち込んだ日本社会はハイブリッドにな

り、近代化が進んだ。そして、ついには世界の強国となった。

本書も、岩倉使節団にならって「いいとこ取り」に徹しようと思う。岩倉具視らは、西洋社会でベストだと信ずるものだけを選び、日本に持ち込んだ。私たちも、日本でベストと思える果実だけを摘み取ればいい。

個人主義が西洋社会の素晴らしい果実であるように、集団への帰属という日本的な調和の概念も、幸せな社会生活には欠かせない。私たちには互いに学ぶべきものがある。だから互いのベストな部分を摘み取って、受け入れればいい。

誤解を避けるために言わせてもらえば、「受け入れ」と「あきらめ」は同じではない。その違いが大きいと思うか小さいと思うかは、その人の立場によるだろうが、私は大きいと思う。なぜか。

私はこう考える。人間関係などが忍耐と観察を必要とする状況になったら、まずはその状況を受け入れることだ。そして小手先の戦術ではなく、大きな戦略を考える。どんな状況も、いずれは変わる。変わるか変わらないかは、いま自分が何をし、何を言うかには、たぶん関係ない。自分の立場だけを考えて性急に動いても、状況は悪化するだけかもしれない。相手の反撃で打ち負かされるかもしれない。フェアじゃないが、これが現実だ。

そんな展開を避け、困った状況に変化をもたらすにはどうしたらいいか。長い目で状況を見つめ、計画的に動いて、相手との集団的合意を築けばいい。困っているのは自分だけじゃないはずだ。システムや制度に問題があるのかもしれない。人間関係のもつれかもしれない。そして自分だけの問題ではないのなら、他の人たちと協力して問題を解決し、状況を変えるチャンスがある。あなたは、一人じゃないのだから。

一方、「あきらめ」は救いがたく受け身な態度だ。自分が何者で、何ができるかに自信を持てない。主体性を奪われ、不確実性に沈んでいる。人間として当然の権利を否定されたに等しい。あきらめきれずに怒りが爆発するのは時間の問題だ。

日本には、この無力感を表す「しかたない」という語がある。「どうせ助からない」とか「打つ手がない」を意味する。みんなで行動を起こせば変えられる状況であっても動かない。それが「しかたない」だ。

かつての日本人は、避けがたき運命は受け入れ、支配者や役人の命令には逆らうなと教えられてきた。これは危険だ。1931年に始まる「15年戦争」の時期には、多くの日本人が「しかたない」で軍部の暴走を許してしまった。

戦後の1946年に出たジョン・ハーシーの古典的名著『ヒロシマ』には、まだ息のある被爆者が何の手当もされずに放置されている状況が描かれ、どうせ助からないから、「しかたない」からだと説明されている。

でも、あきらめてはいけない。どんな状況でも、何かできることはある。何かをするべきだ。それを待っている人がいるかもしれない。だが「しかたない」に慣れた人は、どんな状況でも受け身になってしまう。「しかたない」は屈服であり、敗北の宣言だ。

アクセプタンス(受け入れる)は正反対だ。自分の現在を受け入れ、他者を受け入れ、自然な流れのなかで自分の占める位置を受け入れる。それは自分が動く前に、他者の存在と利害を考える責任に目覚めることだ。そうすれば、あなたの行動は(あなただけでなく)あなたの暮らす世界をよくすることにつながる。自分の属する社会や集団と良好な関係を築けていれば、そういう社会に有害な行動を選ぶはずがない。

最後に「文化の横領」について。私は日本人ではないし、日本人になりきるつもりもない。日本人以外の読者にも、そんなことは望まない。必要なのは、明治時代の日本人が西洋の「いいとこ取り」に徹したように、みなさんが日本で見つけた素敵なもの・ことを摘み取り、みなさんの暮らしに採り入れることだ。

着物を着たり、生け花を習ったりする必要はない。もちろん、それが気に入ったらすればいい。ただしそれが西洋とは異質な文化の産物であることを忘れず、そういう異質な文化への敬意を常に持ち続けてほしい。そうでないと単なる「まねっこ」、さもなければ悪質な「文化の横領」になってしまう。日本人の「ふり」をしてはいけない。異質なものを安易に採り入れるのは、その本来の意味を奪うことに等しい。

無益で無理な「文化の横領」など忘れて、まずは自分が誰であるかを受け入れ、そのうえで、自分のなりたい誰かになろうと努めるのがいい。

バラク・オバマ元大統領の妻ミシェルが、自伝『マイ・ストーリー』（原題 *Becoming*）に書いたとおりだ。「私は知っていた、2つの翼に足を置いて生きるのは可能だと。両足をしっかりと現実に据えて、ちゃんと進歩の方角に向けてさえいれば。……よりよい現実を築けば、どこかに行ける。たとえ自分の心のなかだけであっても。……いま生きているのはこんな世界だけれど、努力して、真にあるべき世界をクリエイトすることはできる」

3 調和を呼吸する

自分は何者か、いや何者になれるのか。それは他者との関係で決まる。日本ではこうした人間関係が、さまざまな集団行動を通じて始まり、育まれる。そこでは集団への参加を通じて個々人の役割が決まる。大事なのは集団としての行動だ。

集団での活動を通じて人は互いに親しくなり、互いの家族や地域社会とのつながりを深める。一方で参加者自身の幸せ感も高まる。不思議なもので、ちょっとでも自分を忘れる機会があると、人は自分にやさしくなれる。自分自身への執着を減らせば、それだけ他者を気づかう余裕ができ、観察と「受け入れ」の余地が広がる。

たとえば茶の湯（茶道）。堅苦しくて足がしびれ、高度に儀式化されているが、これは参加してみる価値がある。ある高名な日本通の文化人類学者（北米の白人である）は、私が茶の湯を楽しんだと言うと目を丸くして「私は一度だけで懲りた」と言った。

もちろん冗談、その証拠に彼は大笑いしたのだが、たしかに茶の湯の作法は面倒で注意力が必要とされるし、繰り返しが多く、ペースが超スロー。だから日本でさえ、ふだんからやる人は少ない。どこに、どう座るか。何を、どのタイミングで、どんなトーンで言えばいいか。ものすごい夢を見させてもらえるわけじゃない。一杯の熱いお茶を飲むために、これだけの忍耐が要求される。

しかし、忘れないでほしい。飲み物とその国の文化には深いつながりがある。ドイツにビールのオクトーバーフェストがあるように、日本には茶の湯がある。

もうひとつ、忘れないでほしいことがある。その決まり事の厳格さとは裏腹に、一服の茶はいかにもはかない。このコントラストが、実は日々の暮らしにもあてはまる。茶の湯の儀式に参加するとき、私は一歩下がって現実の世界から遠ざかる。終わってから、たとえばスーパーでレジに並んだとき目の前に気の短い人がいたり、交通渋滞に巻き込まれたり、道端で見知らぬ人から不快な言葉をかけられたりしても、私はお茶の一服がもたらした静けさと瞑想の余韻に浸って、耐えることができる。一服の茶に比べたら、どの不快さも取るに足らないと思えるからだ。

茶道には日本の文化が凝縮されている。それが何を語り、いかに構成され、実際に体験するのはどんな感じか。それを知っておけば、もっとカジュアルな場面や人間関係のストレスもうまく乗り切れるだろう。その際に大事なのは、腰を据えて状況を観察し、規則に従い、焦らず、どんな経験も楽しむことだ。

沈黙と観察。お茶やコーヒーを飲むとき、カクテルを飲むときでさえ、日本ではそれが当たり前のことだ。日本には「あうんの呼吸」という表現があり、いわば「調和を呼吸」することを意味している。山久瀬洋二の『日本人のこころ』によれば、誰かと交渉に臨むとき、まず相手の立場を理解し、かつこちらが自分の役割をきちんと果たしていれば、その状況での会話の流れをコントロールでき、余計な言葉を発しないでも話が進む。それが「あうんの呼吸」だ。

茶道はあまりにも有名だが、日本人が家庭で、毎日のようにやっていると思うのは間違いだ。洗いたての布を何枚も用意し、粉末の茶を泡立て、ゆっくりそそぎ、何度もお辞儀をし、決められた手順どおりにカップを手に持ち……。どれも儀式には欠かせない作法だが、ふだんはそこまでしない。それでも日本の人は、ただの緑茶を飲むだけで茶の湯の精神（なにごとも急がず騒がず）を思い出す。

日本の旅館に泊まると、部屋にはたいてい魔法瓶が置いてあり、熱い湯が満たしてある。

その脇には小さな盆があり、小型のポットと茶こし、そしてフレッシュで香り高い緑茶の詰まった缶が乗せてある。

浴衣に着替えたら、うたた寝する前でも後でもいい、温泉に入る前でも湯上がりでもいい、静かにお茶をいれ、しばし香りが立つのを待つ。

日本の茶碗は小さい。手のひらに収まる程度だ。旅館の部屋は畳敷き。腰を下ろして座椅子に背をもたれ、お茶をすすれば、もう夢見心地。眠くなってきたら、芭蕉の有名な句を思いだそう。

朝茶飲む　僧静かなり　菊の花

これくらいなら、いつでもやれる。作法は無用、お茶だけを楽しめばいい。必要なのは良質な茶葉と急須、茶こしに茶碗。あとはお湯だけだ。

しばらく前まで、日本の会社員は一日に何杯もお茶を飲んでいた。生産性を維持するには適度な休憩が必要だから、お茶を一服。職場の仲間と雑談を楽しむもよし、山小屋ですすった一服を思い出すもよし。緑に染まる茶畑の光景を目蓋に浮かべてもいい。

茶は、味わうだけのものではない。そのフレッシュな香りは嗅覚をくすぐり、茶碗のなかに自然を見たり感じたりできる。茶そのものを超えて過去と現在の自然につながり、幸せな気分になれる。一人でも、誰かと一緒でもいい。自分のことも仕事も忘れて、ああ生きていてよかったと思える。

芭蕉の句にある僧侶は、きっと朝の静けさを受け入れて茶をすすり、昨日もこうして花を見つめていたなと思っている。いや、誰もが一杯のお茶で時間を超越し、内なる平和に入り込めるわけではあるまい。修行を積んだ禅僧ならではのこと。だが私たちも毎日の暮らしにお茶の習慣を取りいれたら(できれば家族や友人と一緒がいい)、きっと「急がず騒がず」の平和なひとときが得られる。そうすれば周囲がよく見え、まわりの人たちを受け入れやすくなり、おまけにちょっとのカフェイン効果も期待できる(*11)。

話は脱線するが、お茶は日本各地で栽培されているけれど、有名なのは静岡県だ。斜面に広がる茶畑の光景は実に素晴らしい。車で行くと、色も高さもきれいにそろった茶畑が山腹を埋め尽くしていた。ここまで育てるには、きっと多くの人たちの想像を絶する苦労があったに違いない。

現実問題として、静岡のお茶づくりは危機にさらされている。中国からは安い製品が大量に入ってくるし、日本の若い世代は(まあ先進諸国ではどこでもそうだが)田舎暮らしを嫌って、経済的なチャンスを求めて都会へ出て行く。それに、お茶の栽培はお金がかかる(*12)。

だからこそ、みんなでせっせと日本産のお茶を飲むべきなのだ。そうすれば少しでも農家の助けになる。

もちろんアメリカでも、今は日本産の緑茶が手に入る。産地や品質を問わなければガソリンスタンドでもスーパーでも売っているが、本物にこだわるならイッポドウ(一保堂)がいい。京都の老舗で、ニューヨークのマンハッタンに支店があるし、今ならネット通販で日本から新茶を直送してもらえる(私自身も利用している)。種類は豊富で、有機栽培のもあれば、カフェインフリーのもある。お茶と相性のいい干菓子も買える。

コーヒーはいかが?

日本のコーヒー消費量は、アメリカとドイツに次いで世界第3位だとか。実際、カフェ(いわゆる喫茶店)は日本の近代政治史で重要な役割を果たしてきたし、今の日本人の暮らしにも欠かせない。

支配階級が固定されてきた国の常として、近代以前の日本には階級の垣根を越えて人々が集まれる場所はほとんどなかった。ここは貴族の集まる場所、ここは役人、ここは僧侶、ここは男、ここは商人、ここは貧乏人。みんな決まっていた。ところが、喫茶店はそんな「しがらみ」と無縁だった。

コーヒーはブラジルから日本に来た。ブラジルには19世紀に貧しい日本人がたくさん移住していた。彼らはコーヒー農園で懸命に働き、やがて自立し、商人となり、コーヒーの輸出業者となった。日本の喫茶店は、最初から身分や階級を問わず、男でも女でも入れて一緒にくつろげる公共空間だった。そして、くつろぎを演出したのがジャズだった。

今でも、ジャズは日本のコーヒー文化に深く関わっている。私が東京で初めて喫茶店に入ったとき、流れていたのはバド・パウエル。それからジョン・コルトレーン、マイルス・デイビス、ベン・ウェブスター。正直、参った。そして気づいた。日本に関する私の先入観がまったく間違っていたことに。

「ジャズを聴きに来る客はね」と、後にケニー・ギャレットが教えてくれた。「一般論として日本の文化は調和を重んじるが、人がひたすら自分自身に没入することも重んじる。そして日本人は奇才アート・ブレーキーのドラム演奏を聴いて、ジャズがそんな音楽であることに気づいた」

そう、ジャズの本質には自己の探究とその経験がある。それは自由であり、誰もが自己を解き放ち、即興に身を投じていい。ジャズの流れる空間ではそれが許される。ジャズを共有している集団では、人が個人になれるのだ。

パリのカフェもそうだが、日本の喫茶店も当初は身分や階級の異なる人が集まって自由に議論を交わす場所だった。話題はもっぱら西洋由来の政治・社会思想。全体主義の政府からみれば「危険思想」だから、戦前の日本では喫茶店が閉鎖されることもあった。

本物の喫茶店は今も日本各地に残っている。国内外のチェーン店に押されて数は減ってしまったが、昔ながらの喫茶店は今も多くの日本人にとって特別な場所だ。そこには茶の湯に負けない儀式がある。

店に入ったら、まず焙煎したての豆を選ぶ。もちろんバリスタが手助けしてくれる。常連客の好みを知り尽くしたバリスタに、すべてをまかせるのもいい。豆を選んだら、必要な量を取りだし、手回しの道具でゆっくり豆をひく。それから湯を沸かし、最適な温度でそそぐ。クラシックなバリスタは布製のフィルターを用い、褐色の液体が落ちてくるのを待つ。その間、10分か15分。客は野球の話でもして待てばいい。店内は静かで、聞こえてくるのは豆をひく音、湯の沸く音、そして懐かしいジャズの名曲。

豆選びからバリスタの一連の動作に至るまで、すべては儀式だ。時はゆったりと流れ、客は仕事を忘れてリラックスできる。お茶の一服と同様、一杯のコーヒーも私たちを時代のせわしなさから解放してくれる。

プロにすべてをまかせて待つのはいいものだ。コーヒー豆の種類も焙煎の深さも、ひき方も湯の温度も、飲むタイミングも、すべてバリスタ（伝統的な喫茶店では「マスター」と呼ばれる）に決めてもらえばいい。自分で選んでもいいが、そんな必要はない。寿司の名店の「おまかせ」と同じだ。待てば自然と、最適な解がもたらされる。もちろんお金は払うのだけれど、気分はマスターの家に招かれた客人だ。

アメリカにも、今は日本ふうの喫茶店が増えている。そういう店に行くと、コーヒーはカフェインの刺激だけを求めて飲むものじゃないと納得できるだろう。もっと素敵な時間を、ゆっくりと味わえるからだ。しかもBGMは、きっと60年以上前に録音されたジャズの名曲（運がよければアナログだ）。そこではコーヒーと音楽が一体になっている。急がず騒がず、みんなの呼吸が合うのを待ち、合ったらば勝負、そこからは即興の世界。個人が好きなように楽しめばいい。

自宅でも、その気になればできる。

私は日本で、コーヒー豆をひく道具を買った。そして（毎晩ではないが）夜になるとゴリゴリとやり、翌朝のコーヒーの用意をする。目覚めたら湯を沸かし、そそぎ、フィルターを通してコーヒーが徐々に抽出されるのを待つ。そんな暇はないという人も、せめてコーヒーの味と香りをゆっくり楽しんでみよう。コーヒーは、カフェインの刺激だけを求めて飲むものじゃない。ワインを飲むのも、酔っ払うだけが目的ではあるまい。それと同じだ。コーヒーにも、しかるべき敬意を払おう。

なにごとも急がず騒がず、手順を踏んでゆっくりやれば、じっくり観察する余地が生まれる。観察すれば、自分が何者で、どこにいるかを知り、受け入れることができる。余計なことは気にせず、無駄な心配もせず、現在に集中し、褐色の液体がカップに満ち、香りが立ち上がるのを待つ。そういう経験を楽しんでこそコーヒーの味は深くなる。

バーに行ってみる

コーヒーの次はカクテル・タイム。西洋から渡来した文化の常として、日本のカクテルは欧米のそれと同じだが、まったく異質でもある。西洋の習慣を受け入れる第一段階を経て、今やすっかり日本流にアレンジされている。一杯のカクテルでさえ、日本では個人的な行為ではない。材料選びから氷の砕き方、そそぎ方まで、すべてが特定の雰囲気で醸し出される集団的な経験となる。

ちなみに、食前にカクテルを飲むという習慣は日本に根づかなかった。酒で感覚がにぶるのを嫌うからだ。アルコールの影響で少しでも味覚や嗅覚、視覚がにぶれば、料理を十全に味わうことはできず、それはシェフに対して失礼と考えられるからだ(＊13)。

そのかわり、日本ではカクテルの季節性とパフォーマンスへのこだわりが発達した。これは欧米の私たちもぜひ採り入れたい。

日本のカクテルは新鮮なハーブや植物、季節に合わせた果物をよく使う。アルコールの種類と同じくらいに、これらの材料にも気を配る。だからジャズの流れる銀座の薄暗い酒場にいても、グラスの中から自然の声が聞こえてくる。

そう、グラスも重要な要素だ。高級なバーなら、ウイスキー・ベースのカクテルはバカラのクリスタルにそそぐ。柚子の香り立つフルーティーなカクテルは細くて背の高いグラスに。料理でもそうだが、味だけでなく見た目も重視するのが日本の美学だ。

氷は大きなブロック状の塊をアイスピックで砕き、器用な手さばきで完璧な球状に仕立てて供する。バーテンさん（英語で言うバーテンダー）の衣装も決まっている。映画に出てきそうなタキシード姿の人、スコットランド風のキルト（男性用スカート）に粋なヘッドスカーフの人もいて、これがまたカクテルの楽しみに深さと物語性を加える。

思うに、こうしたことのすべてには、パブリックとプライベートを巧みに使い分ける日本の伝統が反映されている。日本語では、人のパブリックな面を建前《たてまえ》と言い、自宅に戻ったときに見せるプライベートな面を本音《ほんね》と言う。

パブリックな場面では誰もが建前を装い、求められる役割を演ずる。本音の自分とは違う役柄だ。そうすることで新しい現実が開け、バーテンさんはバーテンの、客は客の役割を演じる。客もまた、この芝居に参加している。

カラオケでは、この劇場型の関係性が際立つ。新宿や渋谷のカラオケ店に行けば、誰でもカウボーイになれるし、ロックスターにもマフィアの一員にもなれる。そこにアルコールが入ると、ますます盛り上がる。

20年ほど前、初めて日本のカラオケ店に行ったときがそうだった。映画『ロスト・イン・トランスレーション』の封切り記念イベントで新宿のパーク・ハイアットに招かれたときのことだ。正確に言えば有名シェフのダニエル・ブールーやアンドリュー・カルメリーニ、マーク・フロレンティィノ、リッチー・トリシが招かれ、ダニエルが私にも声をかけてくれた（当時の私はよく公共ラジオ局のレポーターをしていたからだ）。イベントの後で、私たちは大型バイクのハーレーをテーマにしたカラオケ店に繰り出した。まずは乾杯。そしてダニエルがフランク・シナトラの「マイ・ウェイ」をせつなく歌い上げると、続いてマークがピアノの弾き語りでブルース・スプリングスティーンの「ボーン・トゥ・ラン（走るために生まれて）」を披露した。ちなみに私は、ザ・クラッシュの「ホワイト・ライオット（白い暴動）」をシャウト！

もちろん、正統派のバーではまったく違った役回りが求められる。たとえば銀座の「ルパン」。作家の川端康成や太宰治も通い詰めた名店だ。ひっそりした路地裏にあり、狭い階段を下りる。ここで歌うのは厳禁だが、やはりプライベートな（本音の）自分とは違う役を引き受けることになる。演出家はバーテンさん。アメリカでもそうだが、酒場では客が役者だ。客は他の客を見ている。そしてバーテンがすべての客を仕切る。

ドリンクをつくるとき、バーテンはさっと腕を伸ばしてボトルを取り、手品師みたいな手さばきでシェーカーに氷と複数の液体を入れる。そして両手でシェーカーを持ち、1分ほど激しく振る。あるいはグラスにそそぎ、細くて長い金属棒で軽くかきまぜる。

こうした匠の技を含め、今の東京で最高に輝いているバーテンの一人が山本幻だ。港区の麻布十番に「ゲンヤマモト」という小さな店をかまえ、旬の素材を使ったカクテルを、お一人様4～6杯限定で提供している。まるで時間が止まったような空間で、見知らぬ客どうしでも会話がはずむ。なにしろ全員が同じ絶品カクテルを飲んでいるのだから。

自分は一期一会にこだわる、とゲンさんは言う。「こだわり」は完璧さを追求してディテールに細心の注意を払い、ひたすら練習に励むこと。「一期一会」は一度のチャンス、一度の出会いを意味し、命のはかなさを知り、理解し、受け入れることに通じる。「一回ごとに自分のベストを尽くす。そうでないと、つまらない」

だから彼の店に行くと、一回ごとに違ったドリンクを味わえる。最初に訪れたときはジン・

ベースのマティーニを頼むつもりだった。ずいぶん前のことで、私は愚かで何も知らなかった。ゲンさんの店ではすべてが「おまかせ」。決めるのは彼。そして彼の判断は常に正しい。

なにしろ彼は多彩なハーブや植物の研究に信じられないくらいの時間をかけている。遠く離れた産地にも足を運ぶ。そして何時間も何時間もかけて試行を重ね、意外性があって華やぎ、独創的な作品に仕上げる。独創性のための独創性ではない。世の中にはその手のシェフやバーテンもいるが、ゲンさんは違う。和食の達人に似て、彼はひたすら自分の作品を研ぎすます。加えるのではなく、引く。彼はミニマリストだ。こんな男は滅多にいない。だからこそ輝いている。

日本の素敵（ほとんど詩的）なバーの雰囲気を、アメリカンな家やアパートで再現することはできない。しかし、じっくり時間をかけてドリンクを用意することはできる。飲むだけが能じゃない。少量のアルコールで、季節感のある素材を加え、磨き上げたガラス器にそそいで味わおう。カクテルタイムを食事の後に回すのもいい。

もちろん、アメリカにも日本風のバーは増えている。ニューヨークなら、アスタープレイスの近くにある「エンジェルズ・シェア」がいい。小さなビルの2階、とあるレストランの奥の無愛想な扉の向こうに隠れている。ここなら日本を体験できる。

お茶、コーヒー、カクテル。日本では、こうしたものを飲む体験に、ある種の期待感が潜んでいる。供されるのを待ち、観察する時間が味わいを深くする。期待は欲望の満足と同じくらい重要だ。待つ時間があれば、私たちは自分自身について、他者との関係や自分のいる空間について学ぶことができる。満たされた状態より、満たされるまでの過程に目を向けることができる。

もう一つ、お茶にもコーヒーにもカクテルにも通じる大事な要素がある。沈黙だ。日本の人は、言葉などいらない時空を日々の暮らしに採り入れている。お茶でもコーヒーでもカクテルでも、客は作り手の動作を黙って見つめる。それが作り手への礼儀だ。

日本では、大きな都会にも過疎の村にも小さな喫茶店がある。3人しか座れないカウンターだけの店もあり、すごく静かだ。何年も前のことだが、友人のユウコさんは私を六本木ヒルズの高層ビルにあるギャラリーに付設の喫茶室に案内してくれた。聞こえてくるのは食器を洗う水の音と、客人たちのささやくような会話のみ。大都会の真ん中とは、とても思えない空間だった。

自分でもやってみよう。自宅で、できるかぎりの時間を割いて、可能なかぎり静かに一杯のお茶やコーヒー、カクテルを楽しんでみよう。もちろんスマホの電源は切り、俗世間からドロップアウトする。言葉は無用だ。

そうすれば、沈黙を通じて他者とコミュニケートできる。

私の選んだ「受け入れる」の定義を思い出してほしい。「わが子のしたことをやさしくアクセプトする母親のように、うれしく思って現実をアクセプトすること」

そういう場面を一度でも見たことのある人ならお気づきだろう。母と子は、そういうときに一言も発しない。言葉は無用なのだ。

4 昼間でも寝る

新潟から佐渡へ渡るフェリーは心地よく揺れていた。下の大部屋で一眠りするか。タケシはそう言った。

タケシとは15年来のつきあいだ。実業家で、よき友でもある。新潟では毎年恒例の「酒の陣」が開かれていた。100軒ほどの酒蔵が集まる盛大なイベントで、1000円も出すと好きなだけ試飲ができる。当然、飲みすぎて酔いつぶれる人も少なくない。

私は佐渡で島の人に取材する仕事があり、タケシは案内役として同行していた。しかし酒の陣はすっぽかせない。だからいったん新潟市に戻り、トンボ返りでまた佐渡へ。

タケシの言う「大部屋」は、アメリカで言えば郊外住宅地にある高校の教室くらいの広さだった。ただし机も椅子もなく、がらんとしている。薄いカーペットを敷いた上に質素な布団をぎっしり並べ、どの布団にもきれいに畳んだ毛布が置いてある。壁際の窓からは灰色の海と、遠くに水平線が見える。曇っているが、空はまだ明るかった。

家族連れや恋人たち、あるいは友人どうし、ざっと30人くらいが横になっていた。荷物は足もとか布団の脇に置いてある。でも声はしない。図書館みたいに静かだ。聞こえてくるのは老若男女の静かな寝息のみ(たまにいびきが混じる)。起きている人はマンガを読んだり、携帯電話のゲームをしたり。

私たちは靴を脱いで部屋に入った。タケシが先に立って、うまく窓際のコーナーに空いている2組の布団を見つけた。荷物を置き、私は上着を丸めて枕がわりにし、横になって目を閉じた。船は巨大な揺りかご。いつしか私は眠りに落ちていた。

日本の人は、他人だらけの部屋や場所でも平気で眠る。これはもう文化の一部だ。フェリーの大部屋だけじゃない。連日の残業で疲れたサラリーマンは地下鉄の車内で仮眠を取る。不安はないかって? ない、この国は(少なくとも日本人のほぼ半数にとっては)とても安全だから(*14)。

社会的な同調圧力を粛々と受け入れながらも個人が幸せを感じられる方法が、日本の文化にはいくつもある。そこに共通しているのが、自分の殻を脱ぎ捨てることだ。自我から抜け出し、それこそ他人の意識になりきって何かをする。そういう体験を通じて自分の考え方・感じ方を変えるのだ。

佐渡へ向かう船の大部屋で、私は幼いころの感覚を思い出した。保育園か何かだろうか、床に敷いたマットの上で、私は家族でもない人たちと一緒に同じ部屋で寝ていた。でも不安はなく、むしろ人生は可能性に満ちていると感じられ、幸せだった。

アメリカ人だって、もっと前向きな変化を起こせるはずだが、あいにく必要なエネルギーが欠乏している。日々の仕事に追われ、疲れきっているから、ストレスの原因となっている問題を解決する力が出ない。疲れた人は受け身になり、投げやりになる。ストレスを追い出す変化を起こすには、それなりの強さとレジリエンス（回復力、抵抗力）が必要だ。それを取り戻す方法の一つが、自分自身からチェックアウトすることだ。

アメリカで昼寝を習慣としているのは人口のわずか1%。なぜ99%の私たちはしないのか？　私は本気で言いたい。昼寝は支配者の、有閑階級だけの特権ではないと。

ケミ・アレモルは2018年6月にオンライン・メディアの「Ｄａｚｅｄ」に書いている。「リラックスする特権は、たいてい豊かで恵まれた人たちだけのものだ。豊かになりたいという近代社会の願望には、いつの日か骨身を削って働くのをやめて好きなだけ休みたいという夢が含まれる。この大衆的睡眠不足の元凶が資本主義にあることを示す研究は山ほどある」

だから昼寝をしよう。

昼寝の効用を認める研究は続々と出ている。今の時代は、職場でも家庭でも昼寝の時間を取りにくい。それは事実だが、可能なときには少しでも眠るのがいい。

もう、この本も閉じてくれ。

目も閉じよう。

時間の許すかぎり寝よう。

私は、いくらでも待てる。


お目覚めかな？　では続きを。

昼寝は肉体にも精神にもいい。これは科学で裏づけられている。本当だ。

赤ちゃんに聞いてみればいい。

２０１８年10月に英ＢＢＣのサイトに掲出された記事によれば、米マサチューセッツ大学アムハースト校の神経科学者で睡眠の研究を専門とするレベッカ・スペンサー博士は「夜間の睡眠だけでなく、昼寝も子どもたちの情緒的記憶の処理に貢献」していることを「おそらく世界で初めて」科学的に突き止めた。そして「博士によれば『昼寝を奪われると子どもたちはすごく感情的になり、感情的刺激に過敏になる』。昼寝をしないと、その日に受けた感情的な負荷を処理できない」からだ。

大人も同じだ。昼寝をした後は自分の感情をコントロールしやすくなり、いたずらに泣いたり怒ったりせずに状況を「受け入れ」やすくなる。そして反省する。睡眠中に気持ちを整理できた人ならば、状況を冷静に観察し、必要な変化につなげられる。

何か面倒なことがあると、すぐに「危機だ」と騒ぎ立てる人がいる。何でも危機、何でも緊急事態。こういう人には、落ち着いて状況を判断し、受け入れ、他の人の意見を聞いてから決断する余裕が欠けている。自分だけを信じて反射的に行動する人は、環境のどんな変化も危機と感じてしまう。そういう人にこそ昼寝タイムが必要だ。そうすれば、その人のせいで無用なストレスを抱えこんだ人たちも一休みできる。うるさいやつが寝てしまえば、少しは部屋が静かになる。

たいていの大人は、小さい子ほど騒がしくない。赤ちゃんは頭が痛くても腹が減っても泣くが、大人は耐える。しかし、なかにはストレスを抱え込むのが生活の一部になっている人もいて、彼ら・彼女らは誰かに怒りや不満をぶつけるのが自分の役目と心得ている。

怒鳴り散らし、罵声を浴びせ、大事と些事の区別がつかず、どうでもいいことでも大騒ぎして、まわりの人に迷惑をかける。そういう人には夢の世界に直行してもらおう。夢のなかでストレスを発散する分には、迷惑するのはシーツと毛布だけだ。

ちなみに日本は、けっして昼寝に寛容な国ではない。職場では刻苦勉励が求められ、所定のノルマを果たさねばならないから、結果として長時間労働が当たり前になり、慢性的な睡眠不足に陥りやすい。いわゆる「戦後世代」のメンタリティーは、そう簡単に変わらない。文字どおりの焼け野原だった日本を、経済大国の地位に押し上げた世代である。今の日本を動かしているのは、まあ50代半ばから上の男たちだが、彼らは父や祖父から戦中戦後の苦労話をさんざん聞かされ、尻を叩かれてきた。だから疲れるまで働く。疲れるのは頑張ったしるし。疲れ果て、もう目も開けていられないのは全力を出しきった証拠だ。

いつの日か、日本社会でも世代交代が起きれば、こうした考え方も変わるだろう。次の世代は新しい価値観の持ち主で、倒れるまで働くのを美徳とはしないだろう。しかしそれまでの間は、日本から長時間労働が消えることはあるまい。従業員の働き方を根本的に変えようとはせず、そのかわり就業時間中の昼寝を奨励するだろう。

そうやって急激な変化や利害の衝突を避けるのが日本流だ。社員が元気に働くのは会社の利益、仕事中に昼寝できるのは社員の利益。少なくとも短期的には一挙両得だから、会社は仮眠の部屋と時間を社員に与える。労働時間を減らす工夫や生産性向上の目標を下げるより、このほうが簡単。小手先の修正は構造改革ほどの痛みを伴わない。

従業員のストレスに対処する欧米流のやり方に、日本の会社はあまり興味を示さない。心理カウンセラーを常駐させ、抗うつ剤の処方その他の治療的介入を行う例はまれだ。それでも、うつになる従業員が欧米先進国より多いという話は聞かない。自殺者が多いというのも、必ずしも事実ではない。しばらく前のデータによると、日本人の人口10万人当たりの自殺者数は18・５人で世界14位。17・７人のフランス（17位）と大差ない。アメリカも15・３人で27位だ。（ＷＨＯ ２０１６年のデータより）

２０１５年の調査でも、日本とアメリカの差はごくわずかだった。シカゴ大学の博士課程に在籍するソンヤ・ミクリンが電子メールで教えてくれたのだが、「約４万件の有効回答にもとづく試算によると、２０１５年の日本における自殺未遂の件数は推定で約53万件だった。同年の自殺者は２万４０２５人だから、自殺者１人に対して22件前後の自殺未遂があったことになる。アメリカでは自殺者１人に未遂25件だから、ほぼ同じ」だ。

これは何を意味するか。まず、日本で生きていくのはつらすぎて、だから多くの人が心を病んで死を選ぶというのは嘘だ。事実は逆で、日本にはもっと気楽で自然な方法があり、それで人が心を病むのを防いでいる。

どんな方法か。まずは、たっぷりの睡眠が大切という共通認識がある。この国が伝統的に睡眠の必要性を認め、昼寝の習慣を採り入れてきたというのではない。だが現実問題として、この国の人はどこでも寝ている。アメリカ人には信じられないような場所でも、平気で寝る。どうやらこの国には、さりげなく睡眠時間を稼げる仕掛けがあるらしい。

言い換えれば、日本はまだまだ睡眠パワーを引き出せる国だ。だからみんな、可能性の限界まで寝ればいい（高校1年のとき、幾何の教師に言われたのを思い出す。「可能性の限界まで自分を追い込め」と）。

その気になれば、日本人はできる。アメリカ人も、きっとできる。

東京の地下鉄で不覚にも眠りに落ち、何駅か寝過ごしたことがある。終点まで行って、他の酔客ともども、青い制服の男たちに起こされた。さあ降りてください、終電ですよ。ニューヨークの地下鉄はオールナイトだが、東京は真夜中くらいで終電。始発は朝の5時だ。この罠にはまったら、どこかで夜明かしするしかない。なにしろ東京の深夜タクシーは信じられないほど高い。だから賢明な人はシンデレラよろしく、夜中の12時までに駅に駆け込む。

日中に会議の席で、思わず目を閉じてしまったこともある。ちょっとだけ、ほんの数秒のつもりだったけれど、隣の人に肘を突っつかれたときには5分も過ぎていた。アメリカでは許されないが、日本ではこれが「お疲れさま」のしるしとして受け入れられる。この人、きっと時差ぼけ（ニューヨークと東京では14時間の時差がある）なのに無理して出てきたんだ、仕事のために限界まで自分を追い込んでいるんだと思ってもらえる。

喫茶店で居眠りしたこともある。公園のベンチでも、ラーメン店で席が空くのを待つ間にも。ホテルのロビーで眠ってしまったこともある（あやうく空港行きのバスに乗り損ねるところだった）。でも私だけじゃない。老若男女、みんな場所を選ばずに寝ている。

誰かが寝ていても、誰も驚かない。日本ではそれが当たり前のことだから。そんなに疲れているのなら、しばらく休ませてあげよう。みんな、そう思ってくれる。そんなに疲れるまで働かせるのが正しいことだとは、私は思わない。しかし居眠りを受け入れる文化は素晴らしいと思う（終電の酔客は無慈悲にたたき起こされるのだが）。

もっと睡眠時間を増やし、働く時間を減らそう。

アメリカに戻ってからの私は毎日、午後の適当な時間に15～45分の昼寝を習慣にしている。おかげで、目覚めたらフレッシュな気分で仕事に戻れる。人目を気にせず、ちょっとの昼寝を習慣にするといい。臨床家としても、睡眠は現代人のストレスを減らす治療の第一歩として有効だと思う。

私の職場へ相談に来る人は、たいてい睡眠が足りていない。9人に1人は何らかの不眠を訴える。眠りが浅い、すぐに目が醒める、悪い夢を見る、等々。それで翌日は調子が悪い。こういう人に必要なのは、不眠症の診断よりも十分な睡眠時間だ。まずは、少しでいいから仮眠を取るよう勧める。そして効果を確かめる。まだ疲れが抜けなければ、医者に相談して睡眠導入剤を処方してもらうのもいい。2つに1つの選択ではない。大事なのは疲れをためないこと。生活習慣を変えるために、少しは薬の力も借りていい。

GDP（国内総生産）が国の経済力の指標として採用されたのは1937年だが、それ以前の人は今よりも睡眠時間が長く、労働時間は短かった（＊15）。しかし経済成長（GDPを大きくすること）が最優先になったせいで、人を幸せにはするがGDPの伸びに貢献しない経験や行為が無視・軽視されてしまった。

GDPと幸福感の矛盾は、もちろん日本でも解決できていない。しかしアメリカなどとは異なる面があり、そこに希望が持てる。眠りたいという欲求が、日本の文化では当然のこととされており、就業中の仮眠も許されている。疲れたら眠くなるのは当然で、病気でも何でもない。

眠くなったら寝ろ。働く時間を削って、眠る時間を増やせばいい。

だが「言うは易く、行うは難し」。2014年8月に英紙ガーディアンが報じたところでは、調査に応じた「日本人のうち、毎晩（あるいは、ほとんど毎晩）ぐっすり眠れると答えた人は54％」にすぎなかったという。

居眠りは、文字どおり「（人前で）居ながらにして眠る」こと。それは極度の疲労の現れであり、限界まで自分を追い込んで働いたことの証でもある。

さっきも言ったとおり、私も日本ではよく居眠りをした。

本当は働く時間を減らしたほうがいいのだが、簡単には変えられない。だから日本の会社は職場に仮眠室を設け、昼寝を認める。政府もそれを（根本的には程遠いが）現実的な対策として奨励するから、お昼寝タイムを導入する職場がどんどん増える。従業員を大切にしている証拠かもしれないが、彼らを長く職場に縛りつけている現実は変わらない。

そんな日本で、２０１７年には「睡眠負債」が流行語大賞のトップテンに入った。

経営者は、とかく従業員を限界まで働かせようとする。もちろん、経営者だって睡眠は足りていないし、好きなときに長期休暇を取れるわけではない。とくに日本の場合は戦後の長きにわたり、経済大国の仲間入りを果たすことが国民的な強迫観念となっていた。そして一日も早く国際社会で「正当な地位」を回復するためには、何かを犠牲にする必要があった。その「何か」が休養と睡眠だった。敗戦の屈辱を晴らすためなら、どんなに疲れていても必死で働こう。かつては、そう考える日本人がたくさんいた。

結果として、その犠牲的精神は報われたのだろう。今や日本は欧米諸国と肩を並べる世界の大国だ。しかし2017年ごろになると、慢性睡眠不足の日本人は考え方を変え始めた。俺たちは父親や祖父の世代とは違う、もっとゆっくり寝かせてくれよ……

この変化に気づいた日本の賢い企業は斬新な対策を打ち出した。東京のネクストビートという会社は職場に「戦略的仮眠室」を設けた。不動産大手の三菱地所は男女別に3つの仮眠室を設けた。従業員に対する人道的配慮もあるだろうが、疲労の蓄積による生産性の低下を防ぐ目的もあった。

ちなみに2018年11月22日付のジャパンタイムズには、「睡眠コンサルタントの友野なおは損保ジャパン日本興亜ひまわり生命のセミナーで『睡眠の質を見なおすことの重要性が高まっている。生産性の低下や精神的・身体的な病気は大きな経済的損失につながるからです』と語った」とある。

アメリカの実業家も、同様な懸念を抱いている。中小企業経営者向けの雑誌「インク」によれば「睡眠不足に起因するアメリカ企業の生産性の損失は実に63億ドル」にのぼる。そうと知ったら放置はできない。

安眠快眠サイトの「スリープ（sleep.org）」によれば、アイスクリーム店のベン&ジェリーからナイキやNASA（米航空宇宙局）に至る大小の企業・団体が従業員向けの仮眠室を用意している。最も有名なのはグーグルで、職場には「カシミアのアイマスクを備えた仮眠カプセル」がたくさん用意されている。一方でアリアナ・ハフィントンらは、素敵な仮眠施設の運営会社「スライブ・グローバル」を立ち上げた。設立の理由？　彼女に言わせれば「企業の78％はストレスが職場の最大の健康リスクと認識しており、幹部クラスの従業員の96％は『燃え尽き』感を訴えている」からだ。

つまり、アメリカ人は疲れ果てている。その経済的な損失は大きいし、健康上のリスクも深刻だ。ＣＤＣが２０１６年2月に発表したところでは、アメリカの成人の「三分の一以上は日常的に睡眠が不足している」。

寝不足だと、人は職場でも家庭でも気が短くなり、感情を抑えられず、怒りやすくなりがちだ。しかも集中力・注意力が落ちる。で、もしも職場の全員が寝不足だったら？　効率的な共同作業など不可能だ。

今のアメリカではみんながストレスに押しつぶされている。なぜか。答えはいろいろ考えられるが、睡眠不足が原因の一つなのは間違いない。睡眠をたっぷり取れば、朝は元気いっぱいで起きられる。そして不眠の原因となるトラブルや、人間関係のもつれを解消する意欲も湧いてくるはずだ。

ところが今の世の中では、底辺で私たちの暮らしを支えてくれている人たちほど、眠りが足りていない。彼らには働く時間を減らす余裕も権限もない。CDCのデータによれば「健康的な睡眠時間を維持している人の割合が低いのはハワイやグアム等の先住民(54%)、中南米系以外の黒人(54%)、中南米系以外の混血(54%)、そして北米大陸の先住民(60%)で、相対的に高いのは中南米系以外の白人(67%)や中南米系(66%)、アジア系(63%)」だ。また一晩の睡眠時間が7時間に満たない人の割合が最も高いのは黒人(45・8%)で、最も低いのは白人(33・4%)だという。

かくして睡眠は商品化された。それも高額商品で、経済的に余裕がないと必要十分な睡眠を買えない。睡眠は平等に与えられるものではなく、睡眠不足による疲労の蓄積も平等ではない。

カール・セーデルストレムの著書 *The Happiness Fantasy*(幸福幻想)からの孫引きになるが、*24/7: Late Capitalism and the Ends of Sleep*(邦題『24/7 眠らない社会』)の著者ジョナサン・クレーリーによれば「今の資本主義は人々を四六時中、眠っている間も搾取している。アメリカの場合、平均的な睡眠時間は20世紀初頭に10時間だったが、1950年代には8時間になり、今では6時間半だ。……睡眠は脅かされ、生産性の論理に屈服している」。

これもセーデルストレムからの孫引きだが、ベルリン芸術大学教授のハン・ビュンチョル（韓炳哲）は著書*Burnout Society*（燃え尽き社会）にこう書いている。「自分を少しでも生産的ないし効率的にするためにすべての時間を使えと言われたら、資本主義的な富の蓄積と無縁な非生産的時間は皆無になる。こうした強迫観念が過剰な疲労感・消耗感を生み出す。……しかもこの疲労感は人を他者から『分離し、孤立させる効果』をもつ」

そんな状態に追い込まれたら大変だ。できることなら有給の昼寝タイムがある会社で働きたい。そうすれば寝覚めがよくなるから、もっと条件のよい会社（昼寝が必要なほど働かなくても高給をもらえる会社）を探せるかもしれない。

疲労とストレスの蓄積という人生の現実を素直に受け入れて、「やめた、ちょっと休むぞ、一眠りするぞ」と宣言する。それが昼寝の習慣だ。

そもそも昼寝は、生産性を回復するためにするものではない。理屈抜き、目的なしで眠ればいい（理屈がないと不安な人は、どうぞご自由に）。私の思うに、昼寝の達人はクリントンだ。

いや、アメリカの元大統領ではない。私の飼い猫だ。もとはマンハッタンの下町のクリントン通りに暮らしていたメスの野良だから、クリントンと名づけた。この猫は一日中ほとんど寝ている。こんなにストレスと無縁な生き物を、私は見たことがない。あお向けになり、両手両脚を広げ、何の心配もせずに寝ている。生産性なんて、これっぽっちも気にしない。

クリントンに見習おう。私は自分にそう言い聞かせる。

みんな、見習えばいい。

5 風呂に入ろう

地球上で最も清潔好きで、最もゴシゴシと体を洗っている民族は誰か？　正確な調査はないようだが、たぶん日本人だろう。人生の垢を、体の垢も心の垢もすべて洗い流せ。それが日本の国民性のようだ。

みんな風呂好きだ。休暇が取れたら温泉場へ行って旅館に泊まる。そして老いも若きも素っ裸で、一緒に熱い湯につかり、身を沈めて目を閉じ、自然の恵みを感じる（たいていは男女別だが混浴の場所もある）。都会の真ん中には公衆浴場（銭湯）があり、そこでは隣り近所の人も見知らぬ人も一緒に裸で風呂に入るが、誰も恥ずかしいとは思わない。みんな裸で、一緒に「受け入れる」の精神を受け入れる（かつてはアメリカの都市にも公衆浴場がたくさんあったが、今は廃れた。エイズ感染の温床という噂が立ったからだ)。

日本での入浴は日常の儀式に等しく、しかるべき作法がある。朝は湯船につかり、小さなバケツ(手桶)に汲んだ湯を頭からかぶる。一日の終わりには疲れきった体を湯に沈めて、今日も無事だったことに感謝する。

日本で旅館に泊まれば、私も必ず大浴場に行って、他の人たちと一緒に風呂に入る。朝食の前、朝食の後、ランチの後、夕食の前、そして夕食の後。

入浴にこだわる文化はたくさんあり、日本だけのことではない。しかし、その位置づけや作法は独特で、他国のスタイルとは大きく異なる。たとえば古代ギリシアや、その後継者である古代ローマでは浴場が富と快楽(いわゆる遊蕩)のシンボルとなり、当時の富裕層は豪華な浴場で快楽にふけった(*16)。

ここがポイント。西洋の文化では昔から、入浴を楽しむのは上流階級の特権であり、富と権力の象徴だった。今もそうだが、貧乏人には体を洗う時間も金もない。一方で資本主義は快楽としての入浴を産業に仕立て上げた。「スパ」と呼ばれる施設である。作家の豊かな想像力と僻地のリゾートに客を呼び込みたい旅行会社の思惑が合わさってヨーロッパの、次いでアメリカの各地に(温泉の有無にかかわらず)高級スパが続々と誕生した。

19世紀から20世紀の前半にかけて、こうした高級スパは「格別な癒し」を得られる場所とされていた。訪れる人たちは、そこへ行けば浮き世のストレスや慢性疾患（抗生物質の発見までは不治の病だった結核など）を洗い流せると信じ、あるいは期待していた。どうせストレスの原因は不明だった。だからきれいな空気を吸い、地球の恵みの温泉に身をひたし、仕事のことなど忘れて過ごす。それが一番の「癒し」だった。

一方には、およそ癒されない入浴シーンがあった。ヨーロッパの労働者階級や新天地を求めてアメリカ大陸に渡った移民労働者は、狭い宿舎やアパートに押し込められていた。風呂はもちろん、シャワーもない。だから都会の片隅に共同浴場が生まれた。

子どものころは、私も父に連れられてマンハッタンの労働者街にある共同浴場（父はユダヤ系移民の言葉で「シュヴィッツ」と呼んでいた。「汗だくの場所」の意だ）に通った。さえないビルの地下にあり、年配の、たいていは太った男たちでいっぱいだった。みんな裸で、熱い湯を満たした大きな浴槽に出たり入ったり。タイルの床はびしょ濡れで、気をつけないと足が滑る。そして（日本の銭湯と違って）やたら騒がしい。笑いはなく、うめき声ばかり。子どもたちの遊び場も騒がしいが、ここで聞こえてくるのは人生の悲哀を絞り出すような重低音ばかり。入浴の合間には蒸気の立ちこめる部屋で木のベンチに座り、葉っぱのついた香り高い木の枝で肩や背中をたたく。目を閉じると、今でもあの葉っぱの匂いと疲れきった男たちの汗の臭いがよみがえる。

日本の浴場はまったく違う。そこには特権も悲哀もない。どこの町にも銭湯があり、そこに行けば誰とでも知り合いになれるし、自分をさらけ出すことにもなる。みんな裸だ。自分のみっともない裸体を受け入れ、相手の裸も受け入れる。気取っちゃいられない。

私の定宿にしている旅館の主人は80代の老人だが、立派な紳士で、いつも背筋をピンと伸ばしている。会えば時間の許すかぎり話を聞くのだが、若いころの経験談から旅先の思い出まで、実に話上手で知識も豊富。すごい人だ。

いつだったか、私がのんびり風呂につかっていると、たまたま主人が入ってきた。さっと浴衣を脱ぎ捨て、しゃがんで頭から水をかぶると、悠然と湯船に歩み寄り、ゆっくりと身を沈めた。宿の主人とも裸のつき合い。いい気分だった。日本では昔から、こうやって誰でも、分け隔てなく一緒に風呂に入る。

余談になるが、個人的な体験をもう一つ。こちらはもっとモダンな入浴スタイルだ。

しばらく前、旧友のヒロと居酒屋で食事していたときのこと。共通の知人を通じて、ある食の祭典で知り合った男で、食べ物へのこだわりは自称「ほとんど宗教」だ。早稲田大学で政治学を専攻したが、今は欧米に進出した日本の企業向けにホームページを設計する仕事をしている。

サーモンの塩焼き、冷や奴の山椒添えなど8品の小皿料理を平らげたころ、ヒロが言った。

「このごろ、新しいことにはまってるんだ」

もともと無口な男だが、ビールと酒のせいで少しは口が軽くなっていた。

「新しいこと？」

「ああ」

この先を続けるには、もう少し酒が必要だった。

「その、新しいことって？」

「ああ、俺のはまってることね」

私は辛抱強く待った。

「スパだよ」。ついにヒロが言った。

「スパ？」

「ああ、スパ巡り。週に何回か行く。すごくリラックスできるんだ」

「行って、何時間くらい、そこにいるの？」

「3時間。たいていはね」

「3時間も？」

「うん、そう」

「それって、どんなところなの？」

ヒロは少しだけ説明してくれた。私の好奇心に火がついた。

「じゃ、一緒に行こう」

「これからか?」

ヒロは驚いたように言ったが、目は輝いていた。「よし、行こう!」

それで彼はスマホを開き、まだ行ったことのないスパを選び、店を出てタクシーを拾った。

私たちは新宿駅のあたりを抜け、脇道に入り、そっけない小さなビルの建ち並ぶあたりで車を降りた。

日本では看板の出し方にも細かい規制があるから、地元の人でも初めてだと、なかなか目指す店は見つからない。建物の外壁から突き出すように、同じサイズの看板が縦にずらりと並んでいる。ヒロは目をこらし、ついにお目当ての店を見つけた。その建物に入り、定員4人の小さなエレベーターで10階まで上がる(10階は男性用、9階は女性用のフロアだった)。

エレベーターのドアが開くと、そこには私の予想とまったく異なる世界があった。

受付は狭く、カウンターの向こうには係の男が一人。ここでロッカーの鍵をもらい、1時間1000円の利用料を払う。

私たちは服を脱いでロッカーにしまい、バスローブを羽織って廊下を進み、ドアを開けるとそこが浴場だった。

室内は4つの区画に仕切られていて、水風呂と熱い風呂、サウナ、そして休憩室があった。それぞれは貨物用エレベーターくらいのサイズだ。客は、ざっと20人くらい。年寄りもいれば若者もいる。警戒心のかけらも見せず、みんな裸でくつろぎ、体と心を癒している。裸になれば、みな同じ。当然でしょ、と言わんばかりだ。

念のためにつけ加えれば、ここに性的な行為はない（そういう場所は別にあり、日本語では風呂ではなく「風俗」と呼ばれている）。そのかわり奇妙な安心感がある。みんな裸で無防備だから、余計な心配はしないでいい。

ヒロと私は浴室に1時間ほどいたが、誰も、一言も発しなかった。私も休憩室の寝椅子で何度か眠りに落ちた。

湯から上がって着替えを済ませると、ヒロは私を受付の脇にあるラウンジへ誘った。そこでは1500円払うとビールやウイスキーを飲める。さらに奥には枕つきの仮眠室があって、3000円も払えば朝までぐっすり眠れる。

いかがわしい場所ではない。ラウンジの壁には、日本の有名な野球選手たちのサイン入り色紙がたくさん飾ってあった。ヒロによれば、日本のこういう施設（「サウナ」と呼ぶ人が多い）にはビジネスマンもセレブもやってきて、同じ時間と空間を共有する。

「みんな、こういう場所で骨休めをする。地下鉄の駅の近くには、たいてい一つか二つはこうした場所がある。東京全体では、たぶん1000軒はある。男性だけの場所もあれば女性専用の場所もある」

こういう場所が日本以外にもあるのかどうか、私は知らない。最近はサンフランシスコとかにも出現していると聞く。ありそうな話だ。いずれにせよ、わが友ヒロが日本のサウナに「はまった」理由はわかる。まったく無防備なのに少しも不安を感じず、外の世界のことをきれいに忘れて過ごせる静かな時間と場所。よその国には、滅多にない。

共同浴場に行くとき、日本の人はほとんど荷物を持たない。タオルと必要最低限の化粧品、小銭を入れる小さな手提げ袋があればいい。ニューヨークの「シュヴィッツ」と違って、うめいたり叫んだりする人はいない。子どもが騒げば親がたしなめる。風呂場にいるかぎり、見知らぬ人と一緒に裸でいても恥ずかしくない。それが暮らしの一部となっているし、「集団の一員」である事実を受け入れることにもなるからだ。

日本は火山国だから天然の温泉がたくさんあり、人はこの自然の恵みでストレスを洗い流す。これもまた「受け入れる」の一つの形だ。自然はけっしてやさしくない（日本では地震や火山の噴火が頻繁にある）。その事実を受け入れつつ、こわい火山がくれた素敵な贈り物（温泉）もありがたく「受け入れる」。

自然の恵みだから、温泉では誰もが平等。女湯・男湯の別はあるが、それ以外の分け隔てはなし（＊17）。これが日本の入浴文化の最大の特徴であり、西洋人の学ぶべき点だ。銭湯の入浴料金は安いが、けっして貧困層向けの施設ではない。

銭湯でも温泉でも、裸になった男女は小さなタオルで陰部だけを隠して歩く。先にシャワーを浴びるか、手桶で湯を頭からかぶり、それから湯船に入るのが礼儀だ。

石けんやシャンプーは、湯船のなかでは使わない。湯船の前にある洗い場で使う。ひとたび湯船に入ったら、じっとしている（いくら広くても泳いではいけない）。タオルは小さくたたんで頭の上へ（タオルを湯につけてはいけない）。

そうして首まで湯につかったら、目を閉じて瞑想にふけるもよし、友だちと小声で話をするもよし。いずれにせよ「特別な癒し」だの「水との一体感」だのは求めず、自然に抱かれた感覚にひたすら身を委ねる。たいていの温泉宿には、岩に囲まれ木々に隠れた屋外の風呂がある。空が見え、鳥の声が聞こえ、木々を揺らす風の音がする。これで雪でも降っていたら最高だ。

一人で入る風呂もいい。仲間と（あるいは見知らぬ人と）一緒の風呂もいい。どちらにも格別なメリットがある。

私には、忘れがたい一人湯の極上体験がある。山中温泉（石川県）の「かよう亭」に泊まったときのことだ。まだ夜明け前で、誰も起きていなかったが、時差ぼけの私は目が冴えていた。

裸足で廊下に出て、ひんやりした畳の感触と草っぽい香りを楽しみながら階段を下り、露天風呂に向かった。浴衣を脱ぎ、洗い場に入ると木製の低いスツールと手桶が置いてある。ここで入浴前に体を洗う。目の前には全面ガラス張りの大きなドア。取っ手を回し、ぐいっと引くと、外から雪が舞い込んできた。積もった雪が、枝から落ちる音も聞こえる。私は足を踏み出し、誰もいない露天風呂に身を浸した。だんだん明るくなってきて、まわりの森が姿を現す。私は一人だが、自然に抱かれているから寂しくはない。

集団入浴にも、いい思い出がある。扉温泉（長野県）の「明神館」でのこと。大きな露天風呂で、西洋人もいたが知り合いはいない。みんな笑顔で、ささやくような会話を交わし、この熱い湯をシェアすることを楽しんでいた。みんな一緒。こんなに自然な帰属感を感じたのは初めてだった。

こうした感覚には科学的な裏づけもある。血圧を下げる。関節痛をやわらげる。皮膚をすべすべにする。心を落ち着かせる。天然の温泉浴にはそんな効能が認められている。どこまで確かで、その効果がどれほど持続するかは不明だが、そんなことはどうでもいい。

大事なのは、温泉につかれば心が落ち着くという事実。医学的な治癒とは違うが、ある種の癒しを得られる。薬と違って、温泉の癒しに医者の処方箋は必要ない。温泉の科学的な効能は、いわば「おまけ」。適量のチョコレートが（うまいだけじゃなく）体にいいと言われるのと同じだ。

温泉をもっと身近に、もっと日常的に楽しもうという運動もある。いい例が1980年代に日本で生まれた森林浴だ（英語でも forest bathing という）。アメリカで森林浴の旗を振っているのはM・エイモス・クリフォードという男。心理療法のプロで、こよなく自然を愛する。その仕事と趣味をかけ合わせて「森林療法」を始めた。緑豊かな森を散策して大きく息を吸い、リラックスして木々に触れ、森の音に耳を傾ける。そうして「あるがまま」の自分を受け入れ、人間が自然の一部であることを体で感じる。そんな経験を通じて、自然こそ私たちの帰属する場所だという認識を新たにする。

風呂に入ろう、みんな一緒に

近くには温泉も森もない？　ならば都会のサウナや公衆浴場に行こう。欧米にも、最近はおしゃれな浴場ができている。昔の公衆浴場と違って騒がしくも汚くもないから、安心して入浴できる（ただし安くはない）。ヨーロッパの各地にはローマ風、あるいはアイルランド風の浴場が復活している。そこには温度の異なる浴槽がいくつもあって、しかるべき順番で浴槽をめぐる。もちろん裸で、静かに身を沈め、あれこれの苦悩を水に流す。経験者として言わせてもらうが、隣り近所の人と親しくなるには絶好の方法だ。

こういう風呂に入ると、人は自分の肉体との、そして自然とのつながりを取り戻せる。地域社会の人たちとの関係も築ける。おとなしく腰を下ろし、黙って湯につかり、じっとしていれば謙虚になれる。温かい湯に抱かれ、身も心も委ねる感じだ。そうすれば、おのずと考え方や気持ちも変わってくる。意地だのプライドだのを捨てて、自分の居場所を受け入れることができる。


どんな宗教も、なんらかの形で沐浴《もくよく》の儀式を採り入れてきた。清らかな水に身を浸せば人は自分以外のものとつながれる。そう考えるからだ。

キリスト教には「洗礼」の儀式があり、ユダヤ教にも同様な「ミクバー」という水浴儀礼がある。ヒンドゥー教徒は毎年ガンジス川の水を浴びて身を浄めるし、日々の入浴も大事にしている。イスラムにも「グスル」という沐浴の習慣がある。いずれも罪や恥の意識と関連しており、性的な禁忌とも深く関わる。

現代人の入浴習慣も、どこかで「罪を洗い流す」という観念を引きずっているかもしれない。

しかしもっと素朴な、もっと昔の人がやっていた沐浴に通じるものがあるのではないか。それは豊かな水に抱かれて自分の肉体をいたわり、服を着ているときよりも自然に接近し、私たちの魂に近づく体験だ。一人でも、みんなと一緒でも同じだ。

今の日本は、西洋に比べても宗教の影が薄い。心で神を感じることはあっても、キリスト教徒やイスラム教徒のように神を恐れてはいない。神に祈ることを日課としてもいない。その代わり、自然が自分たちに何を望んでいるかを知ろうとする。それが理解できれば自然を、そして自分自身を「受け入れ」られると思っている。

人が熱い風呂に入りたくなるのは、自分が何かをやらかして他人に迷惑をかけ、そのせいで自分にストレスがたまっているからだ。そんな理屈を考えたこともある。でも、実際に温泉に入ればわかる。ストレスの原因が何であれ、そんなものはどうでもいいと思えてくる。それで心の傷が癒えるわけではないが、完璧な休息にはなる。そこがいい。

6 自然との距離感

日本の人は心から自然を敬う。「山」や「川」、「森」や「岸」、「田」など、自然の景観の一部を苗字に組み込んでいるほどだ。なのになぜか、自然の生態系を破壊する衝動には勝てない。日本は先進工業国のなかでも自然破壊のリーダー格だ。悪名高い捕鯨に始まり、土壌や大気の深刻な汚染もある。限られた農地の耕作を放棄し、産業廃棄物の投棄場に変えてもいる。

一日も早く世界と競える経済力を復活させたい。さっさと敗戦の屈辱を忘れたい。そんな思いから、日本の政府と企業は経済成長を最優先し、自然保護を後回しにしてきた。国家再建の大義は地球環境への責任に勝るとされた。それは切実な選択だったが、遠い昔から日本人の暮らしに染みついている「自然を敬う」心とは相容れなかった。

身勝手な環境破壊だけではない。日本の自然は外国勢による破壊にも耐えてきた。第二次世界大戦中、アメリカ軍は日本に容赦なく爆弾の雨を降らせた。およそ非人道的な原爆で広島と長崎の一般市民を殺した。焼夷弾のじゅうたん爆撃で東京を初めとする主要都市を焼き尽くした。

そうしたトラウマがあればこそ、再建された主要都市は要塞のように頑丈に造られ、最悪の事態に備えている。都心部には深く掘られた広い地下街があり、そこに立派な店が軒を連ねている。まるで自然が滅び、環境のすべてが人工物になったとしても暮らしていける巨大なシェルターのようだ。

加えて、予測不能で大規模な自然災害もある。1923年の関東大震災、1995年の阪神淡路大震災。2011年には東北地方を巨大地震と津波が襲った。京都でさえ、平安時代の昔から幾度となく大火に見舞われてきた。地理的・地形的な制約のせいで、この国はほとんど定期的に襲ってくる悲惨な災害から逃れられない。これからも、ずっと。

日本の都会を「コンクリート・ジャングル」と呼んだ人がいる。地震や津波に襲われても倒れないよう、しっかりコンクリートで固めた鋼鉄とガラスの高層ビルが林立し、ほとんど土や緑がない。この無機的なビル群は、廃墟となった後も倒れないのだろう。そう思うと、ある種の喪失感を覚える。自然界から、すっかり切り離されてしまった感じ。これに輪をかけるのが移動の難しさだ。

もちろん日本の公共交通機関はよく整備されているが、テッド（テオドル）・ベスターが名著*Neighborhood Tokyo*（ネイバーフッド・トウキョウ）で指摘したように、街を歩くと実に住所がわかりにくい。必ずしも番号どおりに並んでいないし、そもそも表示のない場所が多い。だから東京の人でさえ目当ての建物を見つけられず、すぐ近くまで来ているのに携帯電話で目的地の人を呼び出し、道案内を請うことになる。

文字どおりの混沌、自然の軽視、人間の疎外だが、そんな日本人が一方で「人間は自然に抱かれている」という高潔な思いを抱いているのも事実。私たちを悩ます不安や悲哀、人生のはかなさを受け入れることの困難さは、私たちが自然の秩序のなかで居場所を失ったことの結果だと気づいている。だからこそ努力して正しい道を行き、修業を重ねれば自分を取り戻し、幸せになれると信じている。自然が私たちに期待するところを理解し、それを受け入れればいいのだと。

敗戦の記憶と、それゆえに突き進んだ過剰なまでの工業化の道。そのせいで都会に暮らす日本人は自然との絆を断たれた。だから今、なんとかして昔ながらの自然とのつながりを取り戻そうとしている。近代化と、伝統の継承。この両者の戦いと緊張が現代日本の文化を形づくっている。

近代社会の特権と自然の恵み。その両者のバランスを取り戻したいという願い。実を言えば、それは先進諸国の人なら誰もが、少なくとも個人レベルでは抱いているものだ。スマホを手放し、映像のネット配信やオンライン・ショッピングなど、私たちの暮らしを昔よりずっと「楽《らく》に」してくれる諸々のサービスを捨てられる人が、今の時代にどれだけいるだろうか。

この「楽に」という評価には異論もありそうだが、私は事実として認めたいと思う。昔なら何時間も（もしかしたら何日も）かかったことが、今はインターネットを使えば分単位で済んでしまう。運転免許の更新もレンタカーを借りるのも、あっと言う間だ。役所や店へ出向かないで済めば、空いた時間をもっと大事なことに使えるはずだ。私は、テクノロジーの負の側面をあげつらうタイプの人間ではない。むしろ問題解決に役立つ素晴らしいツールだと思っている。

もちろん、無駄にインターネットを見すぎているという自覚はある。読者のみなさんもそうだろう。しかし私は山にこもって空や木々、小鳥たちを眺めることにもたっぷり時間を使っている。テクノロジーと自然の両方を楽しむことは可能だ。運がよければ両方とも存分に楽しめる。

経済成長を実現しつつ、自然が私たちに求めることにも応えていく。それが日本人の目指すところだ。伝統と現代を両立させ、後続世代のために経済インフラを整備すると同時に自然を敬う心も忘れず、人生を真に意味あるものとしたい。どうすればいいか？　新旧が激しくせめぎあう場所では、当然のことながら緊張が生じる。その緊張を、まずは肌で感じること。そこから新たな気づきや発見が得られるはずだ。

いい例が京都だ。先の大戦中も、この古都は（すでに政治の中心でも経済の中心でもなかったから）数えるほどしか空襲を受けていない。おかげで多くの建築物が残り、昔のままの都市景観が保たれている。２００７年には市条例で10階建て以上のビル建設を厳しく規制し、屋上の広告看板や派手なネオンサインを禁止した。市内の至るところに由緒ある寺や神社が点在し、小さな名旅館は路地裏にひっそりたたずんでいる。着物姿で下駄履きの人も見かける。創業百年を超す喫茶店やそば屋、豆腐屋もある。錦小路には地場の生鮮食品を扱う市場があり、その周辺にはクオリティの高い工芸品をそろえた店が軒を連ねる。歩いていると、百年前の街並みが目に浮かぶ。

そんな京都にはクールなパブもある。欧米からの観光客や留学生も多い。現代美術のギャラリー、最先端のイタリアン・レストラン、便利な地下鉄もある。ジャズの聴ける店も大型のデパートもある。最近は外資系の超高級ホテルの開業が相次ぎ、いろんな旅行雑誌で「世界のベストシティ」に選ばれてもいる。

だから地元の人は、京都が日本のベネチアやバルセロナになってしまわないか、ディズニーランド化しないかと心配している。それくらい変化が激しく、新旧の文化の緊張も高い。その緊張を読み解けば、私たちが自然を受け入れて幸せな日々を送るためのヒントが得られるかもしれない。

２０１７年に、私はハイアット・リージェンシー京都の総支配人・横山健一郎（通称ケン）と組んで興味深い仕事を手がけた。京都にある禅寺の施設を開放し、西洋からの旅人を泊まらせるプロジェクトで、私は専用のウェブサイトに英語で各寺院の解説を書くよう求められた。参加する寺院には接客と講話、座禅の指導を担当する僧侶がいるので、私はその人たちに会ってじっくり話を聞き、寺の歴史や特徴、教義の要点を仏教初心者の西洋人向けにまとめる。そういう仕事だった。

選ばれた寺は5つ。かつて僧侶たちが寝起きしていた場所を改装して、超モダンなキッチンを備えた優雅な客室に変身させていた。木でできた浴槽があり、廊下は磨き上げた板張り。窓は大きく、壁も板張り。外には手入れの行き届いた庭園があり、池には錦鯉が泳いでいる。宿泊客は毎日の座禅に参加し、僧侶の講話を聞いて、人の世の「無常」を受け入れる人生哲学を学ぶ。

そういう偉い禅僧と対座して1時間も2時間も話を聞くとなれば、こちらにも相当な準備と覚悟が必要だ。私は何か月もかけて禅宗に関する本を読みあさり、予備知識を詰め込んだ。しかし、いざ彼らの前に立つと足が震えた。愚かな質問はしたくない、無知をさらけ出したくない、失礼があってはいけない。ひたすら、そう念じた。

それでも愚かな質問をしてしまったと思う。しかし無知の自覚があった分だけ、ましだったとも思う。まともな質問など思い浮かばないので、まずは相手が答えやすいことから聞くことにした。この寺に来てから何年になるのか、ふだんはどのように一日を過ごしているのか、僧侶になったのはいつで、それはなぜか？

そうやって話がつながるうちに、互いの警戒心が解け、リラックスして言葉を交わせるようになる。すると僧侶たちも、進んで自分の来歴を語ってくれるようになった。

ある僧侶は、以前に何十年もカリフォルニアに住んでいて不動産業を営み、レストランを経営していた。しかし寺の住職だった父が死ぬと、京都に戻って後を継いだ。結果、彼はアメリカ西海岸の自由で気ままな体質と日本人の精神性を兼ね備えていた。

2人目の僧侶は、もう何十年も寺の敷地の外に出たことがないと言っていた。3人目は息子と一緒に、伝統的なレシピにもとづく精進料理を西洋人向けにアレンジする仕事に取り組んでいた。4人目は、自分の教えについてコロンビア大学の教授が書いたという本を見せてくれた。そして5人目は寓話を用いて語るのが得意で、素晴らしいユーモアのセンスの持ち主だった。

みんな時間を惜しまず、すごくゆっくり話してくれた。おかげで私はしっかりメモを取れた。話を聞くときは靴を脱ぎ、畳に座る。いわゆる正座、膝を折って踵の上に尻を乗せるスタイルだ。生まれて初めてやる座り方。つらくて、終わってから脚を伸ばし、踵をもまないと立ち上がれなかった。

話が終わると、僧侶は私を庭園に案内してくれ、それから敷地内にあるお堂の内部も見せてくれた。みんな、中年かそれ以上の歳だったが、見た目は実に若々しい。きびきびとした所作で、歩く姿は鍛え抜かれたアスリートのよう。しかし座ると、もう動かない。ぴたりと止まる。この静と動の切り替え。そこにある自己制御と集中力の高さは、西洋人である私の想像をはるかに超えるものだった。

人間(あるいは人生)のはかなさを知り尽くした禅僧たちの語り口は、人の発する言葉など自然の音の妨げに過ぎぬと言わんばかり。私たちが言葉よりもずっと深いレベルで互いにつながろうとするとき、言葉は邪魔になるだけだ。

いや、禅僧が私たち以上に人生の機微を知っているというのではない。禅宗の思想からすると、禅僧は知らない。知ろうとして分析すること自体が悟りの妨げとなる。ベストな道は自然を受け入れ、自然の一部となり、でしゃばらずに、自然が私たちに何を求めているかを知ること。忘我こそ出発点であり、到達点だ。

「あなたの心を空になさい」と言ったのは真如寺の江上正道住職。5人目の、たとえ話で語るのを好み、ユーモアを解する禅僧だ。「心は持たず、ただ体験するのです」

そういうコンセプトも、そこから導かれる禅僧たちの生き方も、西洋人の私には異質なものだった。しかし、短いながらも5つの寺に滞在しているうちに馴染んできた。徐々にだが、名だたる高僧たちとの距離が縮まったようにも感じた。

ケン(横山健一郎)にも助けられた。彼とは20年来のつき合いだ。長くオーストラリアで西洋の人と一緒に働いていたから、どんな説教もさらっと聞き流すセンスが身についている。ちなみに大学ではアメリカ文学を専攻し、好きな作家はマーク・トウェイン、好きな作品は『ハックルベリー・フィンの冒険』だとか。

その晩、ケンは真如寺での取材を終えた私をディナーに誘ってくれた。和牛のステーキに、フランスの上等な赤ワイン。私は住職から聞いた話の要点を説明した。

「江上さんが、そう言ったのかい?」ケンは口をぬぐい、私にそう聞いてきた。顔は笑っている。頭は剃り上げているので、痩せた仏陀みたいに見える。「本当に? それで、君は納得したのかい?」

「ああ、まあ。でも、なぜ？　これって何かのテストか？」私も笑って返した。「この高僧の言葉を、君は本気にしないのかい？　君はいつも言ってるじゃないか、君も家族も仏教の伝統をとても大事にしているって。西洋化する以前の日本のよさを守りたいって。君の本音はどっちなんだ？」

「どっちも、だね」。ケンは言って、にやりとした。「それ、あんまり考えすぎるな」

「『それ』って？」

「すべてさ」

「つまり、君は高僧たちの言葉を信じない？」

いや、と言うかわりに彼は黙って首を振った。勘違いして悟りを開いた気になっている西洋人を煙に巻くにはこれが一番、ということか。

「すみません！」総支配人のケンが声を張り上げると、ウェイターがあわてて駆け寄ってきた。「ワインを、お願いします」

新しいのが来て、私たちは少し飲んだ。ケンはこの店のワインを知り尽くしている。「坊さんたちは立派に生きてる。俺たちも立派に生きればいい。だろ？」

そのころ私は光雲寺の敷地内に新設された施設に泊まっていた。部屋には大きなスライド式の窓があり、目の前には庭園があった。廊下の先には檜の浴槽があり、蛇口をひねれば熱い湯が出た。ゆっくりと湯浴みしたら外へ出て、施設の調理場の脇にある庭にたたずみ、コーヒーを飲みながら、森を渡る風の音に耳を傾ける。

高僧の話を聞きに行く前に、私はよく「哲学の道」を散歩した。琵琶湖疏水に沿う小径で、私の泊まる寺からは目と鼻の先。道筋には禅寺や神社がいくつもあり、水路沿いには桜や梅の木が植わっている。2月だったので梅の季節。神社には樹齢何百年もの大木があり、禅寺には手入れの行き届いた庭園があった。

すべてに、何かの意味があった。じっくり見ていると幸せな気分になれる。一人で歩いている(このときは妻も子どもたちもアメリカにいた)のに、一人じゃないと感じられる。そして奇妙な、実に奇妙なことだが、私が寂しさを感じるのは日本の友人たちと居酒屋に行き、酒を酌み交わし焼き鳥を食べているときなのだ。そういうときこそ、家族と離れていることの寂しさを感じる。悲しさを感じる。人といるときは、自然と接しているときより孤独なのだ。

禅寺に泊まって僧侶たちの暮らしを肌で感じ、小径を歩いて神社や仏閣に立ち寄ると、自分など小さなものだと思えてくる。そのとき私が考えていたことなど、まわりの景色に比べたらどうでもいいと思えた。私が誰であるかを決めるのは自然であり、私が何をなし遂げたかは関係ない。そう思うと気が楽になった。私はただ、偉そうなことを考えずに見ていればいい。そして、自分の無力さを受け入れればいい。

ケンの言ったことは、ずっと気になっていた。それで何年か前に友人のタケシと過ごした冬の日のことを思い出した。新潟市内の自宅から車を出し、数キロ先の池に渡り鳥を見に行った。田んぼに囲まれた静かな池。私はふと、禅宗のある公案を思い出した。

「やめてくれよ」タケシは言って、笑った。

「なんで?」

「西洋の男が日本人の俺に禅の話か? 勘弁してくれ、公案なんて」

「ああ、わかった」

「ならいい」

「それで、泥棒の親子がいてさ、息子が父親に聞くんだよね、どうやって他人の家に忍びこめばいいか……」

タケシは寛容な男だから、聞きかじりの公案を口にする私を止めなかった。しかしケンと同様、ぴしゃりと言い返した。いいか、仏僧の知恵は大きな導きなんだ。個々の話じゃなく、全体をつかめ。それは物事の見方であり、自然から教わったものだ。それは「モーゼの十戒」みたいなものじゃない、神の福音でもない。俺たちはお釈迦さんの小さな像をペンダントにして首からぶら下げたりしない。坊さんの話は、つまるところ、こうだ。自然のなかで自分の居場所を見つけろ、生き方を変え、収まるところに収まれ。……

おっしゃるとおり。生産性を上げろ、もっと働けというプレッシャーはものすごい。だからこそ自然のなかに身を置くことが大事になる。この体験を重ねていくと、もう自然と切り離された物事はどうでもよくなる。大切なのは自然のはかなさ。自然はあなたのことなど気にしない。あなたはそこにいないも同然。あなたは、どうでもいいのだ。

どうでもいい。みんな、取るに足りない存在だ。そう思えば、きっとストレスも軽くなる。あなたは自然に忠実であればいい。あなたの考えに、ではない。あなたの考えることなど、取るに足りない。みんな、はかなく消えていく存在だから。

日本人の自然観に由来するこうした感覚に身も心も浸していると、日々の生活のフラストレーションや心配事があまり気にならなくなる。

自己実現ベースのアイデンティティ（仕事や業績が自分の証と思う生き方）を突き抜ければ、そして人間は自然に生かされているのだと気づけば、「幸せって何だろう」という問いへの答えも変わってくる。

ケンの言うとおり、「あんまり考えすぎる」のは禁物だ。

孤独感や長時間労働のストレス、環境破壊、その結果として生まれる「ああ自然が恋しい」という渇望。そういうものを減らすには、自然のなかに身を置いて心の安らぎを得るのが一番だ。

日本人だって、たいていは禅寺にこもる時間などない。枯山水の庭園を毎朝ながめ、神社の森を毎日散歩する余裕もない。それでも、こうした行為の記憶や体験は、日本人の心に深く根を下ろしている。

いま私はアメリカで、そうした自然との接点を可能なかぎり回復しようと努めている。都会の駐車場でも、目をこらせばどこかで、雑草が元気よく背を伸ばしている。自然の生命力・回復力はすごい。朝早く、まだ近隣の人たちが眠っている時間に愛犬を連れて散歩に出れば、鳥たちの鳴き声が聞こえる。空にはワシが舞っていて、あわてたウサギは巣穴に逃げ込む。目の前のそういう光景が気になって、頭の中で考えていたことなど忘れてしまう。ワシに食われてしまう小動物、生き延びるため季節によって保護色をまとう小鳥たち。そんな生き物たちの運命に思いを寄せていると、なぜだかリラックスできる。心配したり悲しんだりは余計なお世話。私たちだって自然の一部。そういう気づきを、私はまだ自分のアイデンティティに取り込めていない。でも、そうするよう努めている。

私にとってはまだ異文化の体験だが、日本人にはそれが生活の一部。だから日本の人は夜通しナイトクラブで踊っていても、深夜まで職場のデスクに張りついていても、どこかで「これはおかしい」と感じている。この近代化、この産業化にすべての解があるのではないと知っている。西洋の植民地になりたくないから近代化の道を選んだ。それは正しいけれど、それ以前の日本は自然と深く結ばれていた。日本の人は今もそれを忘れず、日々の暮らしのなかで繰り返し確かめている。

仏教や神道の毎日の「お勤め」を励行している日本人は多くない。それでもたいていの人は年に一度か二度、あるいは季節ごとに、神社や寺にお参りする。同じように、私たちも日々の暮らしのなかで自然に触れ、季節を感じたいものだ。ニューイングランドの森を散策するもよし、ニューヨーク市民ならマンハッタン島の北端にあるクロイスターズ（森の中に欧州から移築された古い修道院がある）へ行くもよし。とにかく外へ出て自然に触れ、何もしないで時を過ごす。自然に溶け込む。そこに、あなたの居場所がある。

心と体の健康が自然体験と密接に結びついていることは、今や行政も認識している。だから自然観察のツアーを企画したりしている。自分でやれない人は、そういうのに参加するのもいいだろう。

いつだったか、ニューヨーク・タイムズにこんな記事が載っていた。「国立公園協会などの協力を得て、公有地信託財団が『歩いて10分（距離にして約800メートル）圏内に一つは緑豊かな公園を』というプロジェクトを始めた……」。記事によれば、すでに220人以上の市長が「どんな法律よりも国民の身体的・精神的健康に貢献しそうな」このプロジェクトに賛同しているとか。なにしろ「10分歩くだけでも体にいいし、慢性疾患のリスクを減らし、脳を活性化して記憶力などの増進につながる可能性」があるのだ。

公有地信託財団のハナア・ハムディ医師も言っている。「地域社会に緑の空間があれば暴力犯罪が減り、孤立しがちな高齢者のストレスを緩和でき、ADHD（注意欠如・多動症）などの児童の集中力を改善し、自尊心や回復力の向上につながる」と。ならば企業も精神科の病院も地域社会も、もっと野外活動にしっかり取り組むべきだ。

もちろん、木を植えるより収入格差の是正や医療アクセスの改善、公教育の充実、安全な街作りのほうが先決だという議論はあるだろう。しかし豊かな自然に囲まれていれば気持ちが落ち着き、気力が回復するのは事実。エネルギーも幸福感も湧いてくる。

自然に抱かれ、仕事のことなど忘れ、後悔も心配もせずに時を過ごす。そして黙って周囲を観察する。歴史家テオドール・ロシャックの言う「エコ心理学」だ。理屈は不要、自然にまかせ、自然と一対一で接すればいい。

そう言えば、日本の人はガーデニングを愛する。狭い庭やアパートのベランダで花を楽しみ、野菜を育てる。私たちもやってみよう。

実はアメリカにも、都会の真ん中で野菜を育てようという運動があり、各地に小さな市民農園が出現している。手を泥だらけにし、身をかがめて大地の匂いを嗅ぐ。それだけで自然との距離がぐっと縮まる。

アリス・ウォーターズという女性は「校庭を菜園に」という運動を広めている。自分の手で育てた野菜なら、子どもたちは喜んで食べる。外でフレッシュな空気を吸い、健康的な食材を食べることで、子どもたちの心は晴れる。いちばん貴重なのは、何かを世話する体験だ。自分たちが世話しなければ生きていけない野菜を大切に育てる。その体験を通じて、子どもたちは「共感」ということを学ぶ。そうすれば、わがままな子が少しは減るかもしれない。

アメリカ人は庭の芝刈りを労働と考えるが、日本人はガーデニングを楽しみ、活け花(花道)をアートと心得る。あれがアメリカに根づくとは思わないが、花を活けるとき、日本の人は集中力を高め、あわてず騒がず、寸分違わずに形を整える。そうやって自然と向き合うから、心が静かになる。

日本には「二十四節気」というのがあり、1年を24の小さな季節に分けている。一つひとつの節気は短いから、うっかりすると見過ごしてしまう。虫たちが冬の眠りから目覚める啓蟄、夏の暑さがやわらぐ処暑、作物の成長に欠かせない春雨の降り始める穀雨。どれも自然界の命の循環に欠かせない節目だ。

さあ、時間を割いて自然と共に過ごそう。そして見えるもの・聞こえるものとの間でアクションを起こそう。何でもいい。野鳥を観察して、その鳴き声を聞き分けるのもいい。身近にある植物の名前や種類を調べるのもいい。自分のボキャブラリーに自然を取り込もう。そうすれば気づく。聞こえてくるのは人間の声だけじゃなく、自然は驚異の音に満ちていることとに。

いろんな事情で外へ出られない人、職場を離れられない人もいるだろう。それでも自然を身近に感じる機会はある。たとえば、「知られざるフクロウの知恵」や「植物の秘密の生活」みたいな題名の本を片っ端から読んでみる。著者の勝手な想像も含まれているだろうが、自然を愛し、じっくり観察する姿勢は伝わってくる。

今ならユーチューブ（YouTube）とかで、豪快な雷雨や熱帯雨林の映像を視聴することもできる。ヘッドフォンをつけて、そんな映像の世界に入り込もう。10分でも20分でもいい。そうすれば室内の空気がきれいになったように感じられる。

ちゃんと根拠がある。著名な神経科学者のオリバー・サックス博士が書いている。「自然の声は、どうやら私たちの深いところに届くようだ。健康の維持やヒーリングに自然が果たす役割は大きい。窓のないオフィスで何時間も働く人、緑のない都会で暮らす人、土のない学校に通う児童、あるいは老人ホームなどの施設で暮らす人。そういう人こそ自然と触れあう必要がある。自然が健康に及ぼす効果は、精神的・情緒的なものだけでなく、身体的・神経学的なものだ」

どこにいようと、私たちは自然の一部。だから季節の変化を感じよう。木の芽が膨らむ様子を観察しよう。身の回りで起きている日々の小さな変化に目を向け、耳を傾けよう。そういうことに時間をかければ、つまらぬことに腹を立てたり、落ち込んだりする暇はなくなるだろう。ご心配なく。それでも時間はたっぷりある。

7 沈黙とリスペクト

「あなたには黙秘する権利があります。あなたの発言は法廷で、あなたに不利に使われるおそれがあります」。そんな捜査官の通告を、まさかすべての日本人が聞いてるわけじゃあるまいが……。

沈黙。それは日本人の国民性の一つであり、その文化の核心でもある。沈黙の使い方一つで、人とのコミュニケーションがうまく成り立つ。使い方を間違えれば、まとまる話もまとまらない。職場でも、親しい友人との関係でもそうだ。

沈黙を善とする考え方は何百年も前からある。前にも引いた兼好法師の『徒然草』には（英訳で読んだ私には原文の流麗な調子を知る由もないが）こう記されている。「立派な人は、たとえ自分のよく知っていることがらであっても知識をひけらかしたりしない。どこぞの田舎者ほど、知ったかぶりで何でも答えたがる。……自分の熟知している主題でも自らは口を開かず、問われたら初めて答える。そういう人間でありたい」（第79段）。

黙して語らず、ちょっとした仕草や表情などの非言語的手段で意思の疎通をはかる。このやり方には長所もあるが、短所もある。

間違ったことを言ってしまったらどうしよう？　いや、そもそも何が間違いなのか？　もしも場の雰囲気を読み違えていたら？　もしも相手の（沈黙の）意図を読み違えたら、それこそ失礼なことになる。相手を傷つけるだけでなく、自分が自己中心的で他人の気持ちを理解しない人間だと認めることになる。そうであれば、もう相手と同じ集団の一員ではあり得ない。今さら恥じても遅い。

だったら黙っているのが一番！――とは思わない。私は西洋から来た西洋人だから、それが異文化に接する態度だとは思わない。もちろん私が礼儀知らずで横柄で、自分の祖国（アメリカ）は世界で一番偉大な国だと信じて疑わないタイプだったら、まあ、きっと現地の人とぶつかってしまう。

でも私は、そういうタイプではない。むしろ「郷に入りては郷に従え」を実践し、現地の人の言葉や話のテンポに合わせようとする。だから、日本にいるときの私は受け身に徹する。

何かが起きたら、その状況に適応し、しかるべきリーダーの指示に従う。

それに、日本にはいい友人がたくさんいて、最初からいろいろ教えてくれた。もう20年ほどになるが、今も教わることが多い。

彼らは日本人だから、もちろん適応型の行動をとる。そして私が必死でまねしようとすると、やたら面白がる。集団への同調を拒む仲間を、彼らは厳しく批判するが、私はたいてい許される。どうせ「よそ者」だし、不器用ながらも集団に溶け込もうという姿勢は見せているからだ。それでも私は異質であり、どう見ても彼らの「身内」ではないから、みんなと同じに振る舞うのは無理だと思われている（つまり、私はまだ学習中の身だから許せる、許せなくても目をつぶれるということ）。

おかげで、まわりの日本人から不快な言葉を浴びせられた経験はないに等しい。私は日本人のルールを受け入れる。電車に乗ったら静かにする。大声は出さず、畳にあがるときは靴を脱ぐ。湯船に入る前には体を洗う。聞き役に徹して意見は控え、余計な質問はしない。「どうぞ」と「ありがとう」と「すみません」を慎重に使いわけ、感情を顔に出さない。座ったらむやみに動かない、等々、等々。

私はこの静けさが好きだ。日本では、言葉よりも沈黙で思いが伝わる（＊18）。

困ったときこそ沈黙を選ぶ。むやみに反発せず、まずは沈黙し、受け入れる姿勢を見せる。

このやり方は日本から学びたい。沈黙は観察と傾聴の姿勢であり、相手との距離を縮めるのに役立つ。沈黙は抑制と我慢を通じて社会の序列を決める手段でもあり、やたらな挑発には乗らないという姿勢であり、感情的にならず、冷静に考えてから行動しますよというサインでもある。

信じてほしい。感情むき出しの家庭で育ち、子どものころは夜ごとベッドで泣き崩れていた私が言うのだから。

アメリカにもサイモン&ガーファンクルの「サウンド・オブ・サイレンス」があり、クリスマスの晩の「サイレント・ナイト」があり、時と場合によってはサイレント・セックスもある。自分の意思で沈黙を選ぶのと、誰かに沈黙を強いられるのは違う。自ら選んだ沈黙には他者の気持ちを受け入れようとする意思と努力があり、他者の思考回路や感情を理解し、自分のニーズと同じくらいに他者のニーズも考慮する姿勢が伴う。

こうした沈黙の効用を最もよく体現しているのが、日本的な受け入れの形だ。人と接するとき、直感で相手にマルやバツをつけたりせず、黙って相手に共感しようと努める。相手が何を感じ、何を考えているかを、静かに探り、感じ取る。先に述べた「受け入れる」の定義(「わが子のしたことをやさしくアクセプトする母親のように」)を思い出してほしい。そう、わが子をやさしく抱きしめるとき、親は言葉など発しない。

息子と娘がまだ小さかったころは、よく何も言わずに子どもたちを抱き上げ、あの子たちの体温を肌で感じた。あれこそ最高の「受け入れる」だった。あのころ、週に3日は私が子育て当番だった。妻は外へ働きに出て、家には2人の子と私だけ。一日中ずっと一緒で、私は同じ絵本のページを何度も何度もめくっていた。私も週に3日は仕事に出たが、帰宅すると、妻はいつも子どもたちと一緒に、何も語らず塗り絵を楽しんでいた。

森や湖で過ごすときもそうだ。目の前に広がる雄大な光景を素直に受け入れるなら、人は自然との距離を縮められる。そんな場所でも仕事の話や政治の議論に夢中な人は、自然の恵みにあずかれない。

臨床心理士としての私は、もっぱら都会の貧困地区に暮らす人たちを相手にしている。彼らと面談し、その生い立ちや暮らしの状態、悩み事や心配事を聞き出し、何が問題で、どうすればいいのかを一緒に考える。だが、そこでのコミュニケーションの大半は非言語的なものだ。言葉が役に立たないと言うつもりはない。しかし同じ英語でしゃべっていても、一つの単語や表現が同じ意味やニュアンスで使われているとは限らない。私のところに来る人は、たいてい性別も違えば人種も違う。教育水準も経済力も年齢も、職業や地位も違う。だから自分の暮らしや悩みを語るときの言葉も違う。

言葉は非言語コミュニケーションを補えるが、その代役は果たせない。そもそも言葉にはさまざまな先入観や判断、偏見、誤解などがつきまとい、それが真のコミュニケーションを妨げる。つまり、言葉が相互理解のバリアとなる。そんなときは身ぶり手ぶりのほうが思いを伝えやすい。だから心理療法では、相手が語るのを黙って聞き、その仕草や表情、言葉のトーン（調子）をじっくり観察する。そうすれば理解が深まるからだ。

アメリカの心理学者アルバート・メラビアンは半世紀前に、この事実に気づいていた。1971年の著書『非言語コミュニケーション』には、対人コミュニケーションの「55％はボディランゲージ（身ぶり、仕草）で、38％は声のトーンで行われ、実際に語られた言葉の役割は7％」にすぎないとある。もちろん、これは統計的に導かれた平均値だ。どんな場合もこの比率ということではない。比率は相手により、状況により異なるだろう。しかし、人は言葉を用いなくても心を通じ合えるという事実は変わらない。

日本には、要求や懸念を言葉で伝えるのは下品だという考え方がある。人が何を思い、何を考えているかは言葉にせずとも伝わる。そう信じているからだ。互いに十分な注意力と観察力があり、相手の思いや存在を受け入れられる人どうしなら、あえて言葉に頼る必要はない。それが「あうんの呼吸」、調和を呼吸する（第3章）ということだ。

言葉なしで成り立つ人間関係は、第三者の耳には聞こえず目には見えない。恋人や親友との間には、二人だけにしか見えない世界があるものだ。そういう世界を生み出すのも、守るのも沈黙だ。作家・谷崎潤一郎の有名な随筆『陰翳礼讃《いんえいらいさん》』に、こんな一節がある。「美は物体そのものに宿るのではない。陰翳のあや、明と暗、物体と物体の間にこそ生じる」(引用は英訳版から)。

私は日本で、こういう感覚を数え切れないほど経験した。光のかげんで、人や物体の輪郭だけがくっきりと映し出された瞬間の感動は何年たっても忘れない。影や他者を受け入れるとき、私たちの自己意識は薄れる。この存在の希薄さは心地よい。そのとき人は、もの言わぬ他者(影)が言おうとしていることに気づこうと努める。もちろん集中力を極限まで高めなければいけないが、そうしてこそ関係が成立する。自分のことより、他者のことをひたすら考える。

人が不幸や不安、あるいは誰かに対する失望を感じるのは、たいていの場合、自分勝手で非現実的な妄想をふくらませた結果だ。妄想は自分の感覚・知覚に関係しているが、現にあなたを失望させている誰かとは(ほとんど)関係ない。だから相手を変えようとしても無駄で、必要なのは愚かな妄想や願望を捨てることだ。そう気づけば、実に気持ちが楽になり、リラックスできる。もう人間関係で悩むこともない。

人間関係がこじれるのは相手のせいではなく、自分が身勝手だからだ。そう気づけば、もうむやみと腹を立てることはなくなる。誰かと一緒にいて、黙って親密な時を過ごせるなら、それで十分ではないか。そう思えてくる。黙って一緒に座っていられる友、言葉を交わさずとも一緒にいるだけで楽しい伴侶。そういう人には滅多に出会えない。

赤の他人といるときも同じだ。アメリカで国内線の飛行機に乗り込むと、無事に離陸した途端に隣席の人(むろん初対面だ)から声をかけられ、身の上話を聞かされることがある。まあ、迷惑とは言わないが……。

日本では違う。職場の会議室であれ映画館であれ、隣の見知らぬ人から話しかけられることは滅多にない。質問攻めにあうこともない。職業柄、私は日本でいろんな人に話を聞いたが、その経験を通じて学んだコツがある。日本人にインタビューするときは……

質問を一つ投げる。

答えを待つ。

無駄話はしない。

こちらの意見を言わない。

相手の意見に賛成も反対もしない。

相手の話と似たような経験があっても自分の話はしない。

ひたすら相手の話を聞く。

話してくれるまで待つ。

ひたすら待つ間に、相手の目線で状況をしっかり観察するといい。そうすると、だんだん互いの気持ちが近づいてくる。互いのゴールは異なるだろうが、それでもゴールを目指して駆け出す前に、まずは沈黙の時間を利用して相手を受け入れる。そうして互いに互いを受け入れることができたら、いよいよ一緒にゴールを目指せばいい。相手を蹴落として先にゴールしようなんて、考えるのは無益だ。

どちらか一方が勝つことより、大事なのは双方が相手を理解し、リスペクト（尊重）すること。そう、周囲の人々へのリスペクト。沈黙の時間がそれを育む。

目抜き通りの人混みでも満員のレストランでも、日本は驚くほど静かだ。みんな小声で話しているから、隣のテーブルの話は聞こえてこない。やかましいストリート・ミュージシャンも滅多にいない（たまにはいる）。歩きながら携帯電話でがなりたてる人もいない（たまにはいる）。見つけた知人を大声で呼び止める人もいない。

リスペクトは、言葉ではなく身ぶりで示される。商談が終わったら、全員がお辞儀をして散会する。料亭の主人は店の外に出て、客の姿が見えなくなるまで見送る。やたらとキスやハグをしなくても、手をつないでいなくても、カップルの足並みがぴたりとそろっていれば二人の愛の深さがわかる。

もちろん日本にも騒音はある。街角にあるパチンコ店（一種のプチ・カジノだ）のチンジャラいう音は店の外まで聞こえる。街宣車のスピーカーは走行しながら「大日本帝国」の再建を叫ぶ。スーパーの店内では特売品やタイムサービスのお知らせがひっきりなしに流れる。それでもアメリカの大都市よりは静かだ。一日に百万人以上が利用する新宿駅の雑踏でさえ、電車に駆け込む人たちのハイヒールや革靴の音を聞き分けられる。

こういう静けさのなかで、個人は消える。周囲の環境が個人を呑みこむ。大事なのは、あなたが誰かではなく、どこにいるか。あなたの意見ではなく、その場の気配。アメリカの都会では、あなたが何を言うかで（ある程度まで）あなたの立ち位置が決まる。日本では逆だ。周囲の人をリスペクトするには、まずもって自分がその場の一員であることを認めなければならない。声を荒げて「自分は他の人とは違う！」と叫んではいけない。みんながこれを受け入れれば、街は静かで平穏になる。

他者をリスペクトすれば自分のストレスは減る。遅刻しそうなので駆けてくるサラリーマンには道を譲ればいい。友人知人であれ赤の他人であれ、とにかく相手に一定のリスペクトを示す。言葉ではなく、身ぶりや動作で示す。それが社会の潤滑油となる。

言うまでもないが、リスペクトは「受け入れる」の精神に重なる。互いに、静かにリスペクトしあえば統一や団結が生まれる。自分の意見や感情を、やたら他人に押しつけないようになる。そういう生き方を受け入れているから、日本の人は集団で行動できる。その集団のなかでは誰もが似たような考え方をしていると、安心して信じられる。

むろん、それがすべてではない。日本の文化は、そんなにナイーブじゃない。洗練された振る舞いは高度な計算の産物でもある。だが計算高くて何が悪い？　集団の規範を乱すような行動や発言を、あえてする必要がどこにある？　それが「あうんの呼吸」。口をついて出た言葉よりも、しばしば暗黙の了解が先に立つ。それが日本だ。

リスペクトは態度で示さねばならない。そうしないと共感が伝わらない。相手の意見や周囲の状況に対する賛否は（とりあえず）どうでもいい。まずは黙って受け入れよう。どんな状況、どんな人にも、それぞれの権利がある。その権利を尊重し、犯さない姿勢を示す。それがリスペクトだ。

周囲に対するリスペクトと共感、そして「受け入れる」。第一歩は、自分を受け入れることだ。自分が惨めで、何かを恐れ、何かに怒っていたら、とても他人をリスペクトする気にはなれない。

そういう自己嫌悪から逃れる方法の一つは、周囲の状況を変えることだ。どうすれば変えられるか。まずは周囲の人や状況を受け入れる。受け入れてこそ、一緒に状況を改善するチャンスもできる。改善できれば自己嫌悪の原因は取り除かれ、怒りや不安も解消されるだろう。無理やり自分を変えようとするより、このほうがずっと効果的だ。

日本の人も、職場や地域社会の問題では、とかく「受け入れる」の精神を忘れがちだ。しかし日々の暮らしでは、家の中でも外でも、人と人の接し方には一定のルールがあり、ちゃんと守られている。つまり、互いにリスペクトして暮らしている。この姿勢は、目まぐるしくてせわしないアメリカ人の暮らしにも採り入れたい。

ここでも大事なのは「いいとこ取り」だ。アメリカの長所と日本の長所を結びつける。そうすれば1＋1が3になるかもしれない。多様性と自発性を重んじるアメリカの文化に日本的なリスペクトの精神を採り入れたら、きっと新しい可能性が見えてくる。

他者へのリスペクトを示すことは、自分のストレスを減らすことにもつながる。リスペクトを通じて「相手」を「仲間」に変え、共に困難を乗り切っていく。そう考えるようにすれば、少なくとも、自分だけが惨めだと思いこまずに済む。リスペクトは自分の尊厳を守ることにつながるのだ。

世の中には、もちろん礼儀知らずもいれば邪険なやつもいる。だからと言って同じように振る舞う必要はない。失礼な相手にこそベストな笑顔を見せてやろう。そうすれば相手も笑顔を見せざるを得ない。いや、必ずそうだとは言うまい。時には感情を爆発させたほうがいい場合もある。しかし叫ばずとも、静かにリスペクトを示すことで状況を変えられる場合のほうが多い。

日本には、リスペクトを示す方法がたくさんある。

まずは、頭を下げること。深い「お辞儀」もあれば軽い「会釈」もある。一方が深いお辞儀をし、他方が軽い会釈を返すのは両者の間に上下関係があるサイン。対等な関係なら同じくらいに下げればいい。日本からアメリカに戻ったばかりのころ、私は周囲の人たちに比べて自分の姿勢が悪いのに気づいた。ちょっと前屈みで、頭を垂れた感じ。肩を後ろに引いてもいなかった。でも、それが相手へのリスペクトを示すには都合よかった。なぜか相手の顔から目をそらすことも多く、そうすると気分が落ち着くのだった。

頭を下げるのは、けっして屈服や服従のサインではない。上下関係の承認でもない。それは西洋人の握手と同じで、互いを認め合うことのサインだ。互いに頭を下げることで、互いのリスペクトを示す。もちろんサラリーマンが社長に会えば深々とお辞儀するが、それはそこに明確な上下関係が存在するからだ。相手が誰であれ、対等な関係ならば軽く頭を下げるだけでいい。それが握手代わり。西洋流とは違うが、もともと日本の文化は西洋とは違う。違いを認めるのが、相手へのリスペクトだ。

そう言われても……と思うあなたは無理しないでいい。初対面のアメリカ人に頭を下げられたら日本人も驚く。しかし、ちょっと姿勢を変えるだけでもリスペクトは示せる。肩の力を抜き、せかせか歩かず、ゆっくりと。手はだらりと下げて。そうするだけで「私にはこの場を支配する気はない」というメッセージが伝わる。そうすると（運がよければ）みんなもリラックスする。

どんなときも、日本の人は他者への配慮を忘れない。

東京で相撲を観戦したときのこと。友人たちと一緒に枡席に座り、焼き鳥をつまみ、ビールを飲みながら土俵を見守るのだが、いざ勝負が始まると、みんな口をつぐむ。そして勝負がつくと拍手が起こり、耳をつんざくような歓声が上がる。

ボストンで、日本の友人を（バスケットボールの強豪）セルティックスの試合に招待したときはこうだった。試合中、彼はずっと無言だった。退屈なのかと思い、私は「もう帰ろうか」と言った。すると彼はびっくりして、最後まで見たいと言った。試合が終わり、地下鉄に乗った途端、彼は急に雄弁になった。あのときの、あのガード、あのシュート。得点差まで、彼はしっかり覚えていた。彼は選手たちをリスペクトし、黙って見ていた。そして実に細かい点まで観察していた。

野球の試合では、日本人も最初から最後まで騒がしい。とにかく応援がすごい。とくに熱心なファンでなくても、その場の雰囲気に飲まれて、気がつけば自分も大声で応援している。「個人」ではなく、「集団の一員」になりきってしまう。このへんはアメリカのファン以上だ。娘を連れてヤクルト・スワローズの試合を見に行ったときは、ヤクルトが得点を挙げるたびに、スタンドを埋めるファンが立ち上がって、リズミカルに傘を開いたり閉じたりした。まるで、全員がチアリーダーみたいだった。

ジャズの聴き方もそうだ。

東京・丸の内にある「コットンクラブ」では、演奏が始まると客は話をやめ、グラスも口につけず、ほとんど身動きもしない。そうやって楽曲の世界にひたり、他の客もひたれるように配慮する。それが互いの、そして演奏者への敬意の示し方だ。

リスペクトを忘れなければ、周囲の状況や他者をじっくり観察できる。あたりを見回して、周囲が自分に何を求めているかに気づけば、きっとうまく対応できる。相撲や野球を観戦しているときだけではない。面倒な事態に巻き込まれたときも、リスペクトの精神が役に立つ。

何年か前のことだが、私を乗せたデルタ航空機が定刻よりひどく遅れて成田国際空港に着陸した。もう電車も地下鉄もなく、50マイル圏内にホテルの空き室は一つもなかった（デルタはそれを承知していたが、乗客には事前に伝えなかった。何らかの事情で成田に降りられず、やむなく一度は給油のために名古屋空港に降りたが、そこでも乗客が機外へ出ることは許されなかった。後で聞いたら、乗客のホテル代を負担したくないからという答えだった）。それで、13時間もかけて太平洋を越えてきた私は、何百人もの日本人と一緒に空港の床で一夜を過ごすことになった。ニューヨークと違って、こちらの地下鉄は朝まで動かない。さあ、どうする？　みんなが禅僧みたいに対応したとは言うまい。でも平均的なアメリカ人の対応とは違った。誰も、騒がなかった。床にコートを敷いて、みんな横になった。あきらめたわけでも、絶望したわけでもない。でも、ここで怒っても事態は改善されないことを全員が理解していた。どう騒いでも状況は変わらないのなら、無駄に騒がず静かに夜明けを待つほうがいい。ここで騒げば自分だけ浮いてしまう。騒いでも自分が救われることはない（ホテルはどこも満室だ）。ならば朝まで苦情を言い続ける自分の権利よりも、朝まで静かに眠りたいみんなの気持ちをリスペクトするのが正解だ。

こういう精神性を、私は日本にいる間に、いつの間にか身につけた。ストレスいっぱいの状況であればこそ、むやみとストレスをぶつけるような行動は慎むべきだ。日本の人はそう考える。

困った相手もリスペクトし、必要なら受け入れてもやろう。しかし、そっちの仲間には入らない。そんな困ったやつの同類になるのはご免だ。だから相手にしない。文句も言わない（もちろん私はあれから一度もデルタ航空を利用していないし、今になってデルタの失態を暴いてもいる。しかし怒ってはいない。怒っても無駄と承知している）。

ただし、これを日々の暮らしで実践するのは大変だ。今はボストン郊外に住んでいるから車を運転する機会も多いが、高速の出口が渋滞していると、やはり割り込みたくなる。まだまだ理想には程遠い証拠だ。

理想というのは、社会の誰もが互いをリスペクトしあい、自分のニーズを他者のニーズの文脈で理解すること。世の中には必ず自分よりも弱く、助けを必要としている人がいるものだ。だから自分ではなく他者の、社会全体のニーズを考えて行動する。そういう理想を、(たとえ実行は難しくても)忘れないでいたい。

リスペクト、沈黙(と観察)、受け入れ。こういう考え方は日本社会に大きなインパクトを与えている。末期癌の患者に対するケアや痛みの緩和治療は(莫大な費用がかかるけれども)充実している。健康な人も例外なく公的な医療保険に加入している。都市部の治安もいい。自分や自分の家族だけでなく、他者の暮らしや健康も気にかけているからだ。

日本の人は知っている。まわりの人が幸せでなければ自分も幸せになれないと。だから自分を犠牲にしても、リスペクトにあふれた社会を築こうとする。

他者へのリスペクトは、自分をリスペクトする道に通じる。いつまでも理想を実現できない自分、失敗を繰り返す自分、みんなに迷惑をかけてしまう自分(どれも私自身のことだ、念のため)もリスペクトしてやろう。それが自信につながる。

そう自分に言い聞かせたら、さあ、軽く頭を下げてみよう。怒っている人がいたら、ちょっと我慢して受け入れよう。叫び返さず、黙って見守り、愚痴を聞いてやろう。

西洋人の会話や交渉ごとはゼロサム・ゲームで、勝つか負けるかになりがちだ。しかし日本では違う。どっちが勝ったかわからないことも珍しくない。それでも暗黙の了解ができれば、お互い気分よく席を立てる。

強いられた沈黙には抵抗しよう。でも自ら沈黙を選び、リスペクトを選ぶのは悪くない。そのほうが得かもしれない。少なくとも、いざというときに叫ぶ体力は温存できる。

8 謝る理由

日本で最初に覚えた言葉は「すみません」だった。なにしろ至るところで、何度も聞いた。お店でも電車の駅でも、路上でもエレベーターの中でも、会議の場でも料理屋でも、バーでも喫茶店でも聞いた。しかも、いろんなシチュエーションで。

私が誰かのためにドアを押さえていると、やってきた人が「すみません」。

みんなでトンカツを食べていたら、友人が店の人に手をあげて「すみません」。

電話でしゃべりながら、しきりに頭を下げる人がいた。まだテレビ電話の時代ではなかったから、電話の相手には彼の様子など見えっこない。それでも彼は何度も何度も頭を下げ、そのたびに言っていたのが「すみません」(「すみません」に続けて「はい」も執拗に繰り返していた。こちらは英語の「イエス」と同じで、「はい、そうします」「はい、わかりました」みたいな意味だ）。

それで私は日本の友人に「すみません」の意味を尋ねた。すると、まあ「アイム・ソーリー」みたいな意味で、要するにアポロジー（謝罪）の一種だと言われた。でも（何も悪いことをしていないのに）なぜ店の人に謝るのだろう？　どうして電話口で何度も何度も謝るのだろう？　誰かが親切にドアを押さえてくれていたら、お礼を言えばいい。なのになぜ謝る？　そう、「すみません」には「アイム・ソーリー」よりもずっと深くて複雑な意味がある。英語でもそうだが、単語の意味は一つじゃない。日本語の表現や日本人の仕草の常として、「すみません」にもいろいろな意味があり、使われる状況や相手によってニュアンスが変わる。私はこれを、同じ日本の友人たちから何年もかけて学んだ。

何かをしている他人に声をかけ、自分のために別なことをしてもらう。そんなとき、相手をリスペクトし、受け入れている証として、日本の人は「すみません」と言う。言われたほうは仕事の手を止めて、あなたのために別なことをしてくれる。ごめんなさい、あなたが忙しいのは承知しているけど、ちょっと手を貸して。勝手なお願いで、すみません。そんな意味だ。

ちょっと皮肉な感じが混じることもある。言うまでもないが、私たちの言葉に皮肉が混じるのはよくあること。これは洋の東西を問わない。私たちはたいてい、心の底で思っていることをそのまま口に出したりせず、適当にごまかしてその場をしのぐ。

「すみません」のあふれる日本には、皮肉もたくさん埋め込まれている。作家・谷崎潤一郎が『陰翳礼讃』で指摘したように、私たちの見るもの、真実と信ずるものが必ずしも真実とは限らない。もしかすると真実は見えないところにあるのかもしれない。日本の文化は見た目にこだわるが、皮肉なことに、見えるものの多くは意味の表象にすぎず、もの自体ではない。だからこそ、そこに解釈の余地が生まれる。

しかし「すみません」は、他人の身になって状況を受け入れようとする真摯な試みでもあり得る。他人が経験するであろう迷惑や痛みを予測し、先回りして謝る。それが「すみません」だ。

果たして「すみません」は真摯なのか、辛らつなのか。その両方なのか。フランスの思想家ロラン・バルトは『表徴の帝国』（1970年）に書いている。「合理性は数あるシステムの一つにすぎず」、日本的な「禅のすべては『意味』の巧妙な言い逃れを許さぬ戦い」なのだと。見えざるもの、無意識のもの、非合理なものにも実は大きな意味がある。そういう考え方を受け入れてこそ、私たちは日本文化の重要な一面を理解できる。つまり、目に見えるものや言葉で言えるものはすべて、より深いところに潜む意味の表象ないし記号にすぎないのだと。

では「すみません」の深い意味とは何か。この言葉を口にした途端、一方は謝り、他方は謝られたことになるから、後者からは怒りやフラストレーションが消え、前者からは要求や不満が消える。そうなれば、これ以上のアポロジー（謝罪）は必要ない。互いに利益の対立を抱えていがみ合うのをやめ、共通の立場で状況に対処できる。やっかいな状況であることを互いに認めたら、次は一緒に状況を変えていけばいい。そう、「すみません」には変化を起こす力がある。

先に「すみません」と言った人は、その状況（道を譲らねばならない、など）が相手にとって困難（自分は急いでいる、など）であることを知り、受け入れている。相手は疲れているのかもしれないし、上司の命令どおりに動いているだけかもしれない。あるいは、ただ無神経なだけかもしれない。

いずれにせよ、あなたが先に「すみません」と謝ることで、相手も状況に気づき、なんとかしよう（この困った状況を変えよう）と考えるだろう。それでも状況が改善されなければ、残念ながら「誤解が生じた」ことになる（言葉が額面どおりの意味とは限らない日本では、ときに誤解も生じる）。でも誤解に気づけば、今度は相手が言ってくれる、「すみません、誤解してました」と。

こうした「すみません」の効用を何度も見てきたから、私はアメリカに戻ってからも毎日のように「アイム・ソーリー」を言っている。これが実に効果的で、私はもちろん、相手のストレスも減っているはずだ。

通信速度が遅いと電話会社に苦情を言う。身に覚えのない駐車違反切符に異議を申し立てる。そんな場合に、私はこう切り出す。「アイム・ソーリー。ごめんなさい、ちょっとお時間を拝借します。ご協力に感謝します。実は……」

たいていは「まあ、謝ることなんてないですよ」という答えが返ってくる。意表を突かれて、ちょっと驚いた証拠だ。この驚きが、新しい変化につながる。相手のガードがちょっと下がり、紋切り型の対応ではなくなる。少なくとも最初から突っぱねられることはない。そして運がよければ、こちらの言い分をちゃんと聞いてもらえる。こちらが怒鳴り散らさなければ、相手も気持ちよく受け答えできる。そして、できることなら力になろうと思うかもしれない。

もちろん、それでこちらの言い分が通るわけではない。警察への異議は却下されるかもしれない。それでも私が怒らずにいれば、無駄に怒りを引きずって一日を棒に振らずに済む。誰でも知っているとおり、怒りを抱えていると仕事には集中できない。そもそも怒りは自分の内側から湧いてくる感情ではなく、周囲の状況に対する反射的なリアクションにすぎない。そんなリアクションはやめて冷静になろう。そうすれば前へ進める。

コールセンターの要員や店頭スタッフはたいてい、とくにアメリカの場合、顧客との戦いに備えている。差別用語で怒鳴られ、無茶な要求を突きつけられ、上司を出せと言われる事態を想定している。だからこちらが笑顔で、本気で「すみません、ちょっと教えてくれませんか……」と切り出せば、それだけで相手の防御を崩せる。

大事なのは本気で言うこと。そうでないと、謝っている感じが伝わらない。こちらが誠意を見せ、相手が驚いてガードを下げたら、すかさず一撃！

いや、違う。一撃？　とんでもない！

スミマセン、そんなつもりじゃなかった。私が言いたかったのは、先に謝ることで相手と良好な関係を築こうということ。先に謝られたら、相手はハッピーな気分になる。ハッピーなら、あなたの話を聞いてやろう、相談に乗ってあげようという気にもなる。相手を怒らせ、戦闘モードに入らせたら、もう協力は得られない。

読者のなかに苦情受付係の人がいて、いつも短気で粗野で偉ぶった（そして本書をまだ読んでいない）顧客の対応にうんざりしているなら、次の機会にはこんな言い方をしてみるといい。「アイム・ソーリー、お手間を取らせまして。アイム・ソーリー、ご迷惑をおかけしまして」。これで相手は振り上げた拳を下ろせなくなる。

同じことはもっと大切な人間関係にも言える。職場でも家庭でも、恋人や友人との間でも

「すみません」の一言がストレスをやわらげてくれる。こちらに非がないことが100%確実でも、先に謝る。それはあなたが相手の立場を受け入れたことを意味する。それだけで、相手の抱えたストレスは格段に減る。

絶対に、とは言わない。100%うまく行くとは言わない。でも、試す価値はある。うまく行けば、あなたは自分の感情をコントロールできたことになり、愛する人の気持ちのほうが自分の気持ちより大事だということに気づく。

「すみません」はコンフリクト（争いごと）を防ぎ、解決する道だ。そして日本人は、少なくとも国内の問題に限れば、コンフリクトの回避に長けている。争いを起こすのは、みんなが属し、みんなが大切にしている集団（職場、地域、家族、夫婦など）への侮辱と見なされる。だから謝る。自分より集団の、個人より人間関係のほうが大事だと思うから謝る。そこから共感が生まれる。

しかしアメリカでこれをやると、逆に警戒されることもある。スーパーのレジ係も役所の職員も、顧客から謝られることに慣れていないからだ。自分がスマホをいじっている間に行列ができて、誰かに怒鳴られるのは毎度のことだが、「アイム・ソーリー、お邪魔でなければ……」などと笑顔で声をかけられるのには慣れていない。だから、かえって身構えてしまうかもしれない。

しかし、先に「アイム・ソーリー」と言ってやれば、あなたは嫌われ者の怒れる顧客の一人にならずに済む。意地になって自己弁護せずに「アイム・ソーリー」、夫婦げんかを始める前に「アイム・ソーリー」。その一言で、けんかではなく会話が始まる。

そう思えばこそ、日本の人は何度も「すみません」を繰り返すのだろう。一度だけだと勘繰られたり警戒されたりするけれど、二度、三度と繰り返せば、きっと「ああ、この人は本気で謝っている」と信じてもらえる。

そうなったら次の一歩を踏み出せる。対話を通じて事態を動かし、状況を変えていける。新しいシナリオを書いて、一緒に動き出せばいい。もう八つ当たりはやめ、配偶者と怒鳴り合うのもやめて、「アイム・ソーリー」から始まる道を行く。これが日本の「すみません」の極意だ。

謝れば、たとえ相手が納得しなくても、あなたの気分は晴れる。ことを荒立てずに済んだという解放感を得られる。問題を受け入れたことになり、その解決に貢献できることになる。解決する責任を受け入れたことになる。

事態を受け入れ、謝るのは、その状況に屈服し、埋没するのとは違う。怒りを排除すれば、その状況を変えるために何かをすることが可能になる。そして状況が変われば、きっと「すみません」の出番もなくなる。

9 無何有（何も有ること無し）

ちょっと席をはずしてくれ、とジロウさんは言った。

私たちは金沢市にある石川県庁の高層階にいた。県内の山中温泉周辺で素晴らしい工芸品を作っている職人たちを世界に紹介する英文小冊子の製作に、県の助成金をもらうためだった。当地で旅館を経営するジロウさんは職人たちと親しかったし、原稿は私が書くことになっていた。

私の息子でまだ十代のニックは、眼下の広いロビーで待っていた。ロビー階は吹き抜けになっていて、そこから上の階にはオープンな（つまり、身を乗り出せば下をのぞける）廊下が設けられていた。だから高層階にいると、下の階を歩く人たちの足音がよく聞こえる。たいていは駆け足の音だった。ロビー階の窓は大きくて、視界は広い。ただし見えるのは、駐車場に並ぶ無数の車(アメリカと違って完璧に洗車されているから、どれも新車同然にピカピカだ)と遠くの山並み、そして2車線の道路沿いにあるセブンイレブンの店と派手な色の食堂くらいだ。

「先に片づけたい別な用件がありましてね」とジロウさんは言った。「お役所仕事ですから、あなたは後から加わったほうがいい」

急に言われたわけではない。事前に知らされていたし、県の担当者もその後に別な(それも外国人の加わる)話があることを承知していた。だから私も、事前に時間つぶしの方策を考えていた。

県庁の近くには、禅の思想を世界に広めた鈴木大拙の記念館がある。大拙はアメリカ人のベアトリス・レインを妻とし、英語の本を何冊も書いた。私も何冊か読んでいる。だから記念館を訪ねたかった。ジロウさんは快諾し、お抱え運転手に私と息子を記念館に案内するよう指示していた。この記念館を設計したのは谷口吉生、ニューヨークのMoMA(近代美術館)を今の形に生まれ変わらせた建築家だ。日本の建築家に詳しいデーナ・バントロックによれば、谷口は「ミニマリズムの巨匠」で、不在を示唆する(そこにないものを感じさせる)のが自分の建築だと語っていた。

正直言って、ニックも私も谷口の名は知らなかった。建築には素人で、予備知識はゼロ。だからこそ私たちは、その場の感動に打たれた。その建物を分析する知識も情報もなかったから、素直に感動できた。この建物で谷口が言いたかったものを全身で「感じる」ことができた。それは大拙の（そして禅の）思想そのものだ。

うっかりすると見過ごしそうな入り口を抜けると、ガラス張りのチケット売り場があった。チケットを買うと小さなパンフレットを渡された。簡単な説明と館内マップが載っていた。私たちは順路に従って進み、あれこれ思いを巡らしながら展示物を見てまわった。手書きの原稿や写真、書などが時系列で並べてあり、鈴木大拙の生涯をたどれるようになっている。展示物はまばらで、その余白が私たちの思索を深める。

館内を一周して外に出ると、水鏡の庭に浮かぶ「思索空間棟」があった。中に入ると不思議な、なにか深いものを感じた。暗くて四角い部屋で、四面に窓が切ってあり、水鏡とその奥の庭が見える。部屋には何もない。空っぽ。それがこの部屋の真の意味だ。人は板張りの床に座り、ただあたりを見渡す。

どれだけ長く座っていただろうか。外へ出て本館の廊下に戻ったとき、息子は言った。こんなに美しいミュージアムは初めてだよ。いろんなミュージアムを見てきた息子が、ここの何を気に入ったのか、私はあえて聞かなかった。何もない空間に身を置き、そこに満ちている何かを感じて、私の心も穏やかになっていた。

展示物は少ないが、がっかりはしなかった。館内の細くて長い通路、大理石、わずかに射し込む光、床や廊下の素材感。すべてが素晴らしく胸が躍った。何もないが、そう、無こそすべてだ！

車で県庁へ戻るとジロウさんが待っていた。息子と私は何も言わなかったが、私たちの満足そうな顔を見て彼はすべてを理解した。そして言った。「気に入ったでしょう」

ジロウさんの営む旅館も、静けさと「空っぽさ」を最大限に活かしている。壁には何も飾っていない。むき出しの空間だ。その代わり自然の森と手入れの行き届いた庭園が館内のどこからも見える。ほかに見えるものはないし、何かを見たいとも思わない。そしてひたすら「何もない」状態を受け入れる。すると私たちの存在のはかなさが身にしみる。

近くには「べにや無何有《むかゆう》」という別な旅館もある。「無何有」は荘子の言葉だが、日本的な空間感覚をよく表している。夫の一成と共同で旅館を営む女将の中道幸子によれば、無何有は「何も有ること無し」の意。ここも壁には何も飾らず、静寂がみなぎっている。

こんな日本で何年も過ごしたので、アメリカに戻ったら絶対に空間の使い方を変えるぞと決めていた。みなさんと同じように、私も捨てるのは苦手だ。何年も前の、たいていは何の役にも立たないものを大事に取ってある。捨てがたいからだ。

たとえば1981年にアズベリーパーク（ニュージャージー州）で3回も参加したクラッシュのライブ（うち1回は元カノの妹メアリーと一緒だった）で手に入れたTシャツ。こいつを捨てるのは青春の1ページを引きちぎるのに等しい。

書斎の棚もぎっしりだ。新聞や雑誌の切り抜きや、まだ学生時代に書いた原稿、まだ読んでいない本、帽子、靴、古いラジオ、おもちゃ、土産物。どれにも思い出が詰まっている。「差別を許すな」というプラカードを持ったヒッピー風の小さな人形は、母と一緒にパーティー用品を買いに行ったときに見つけたもの。そこは母一人・息子一人で切り盛りしている小さな店で、息子のほうはドレスを着てメイクもしていた。女装の男性を見るのは初めてだった。だから忘れられない。

赤い小さなブリキ缶には、かつて葉巻が入っていた。遠い昔、父と一緒にオランダを旅したときのもの。父は車を借り、私に地図を渡して「好きな街を選べ、どこでもいいぞ」と言ってくれた。唯一の条件は、日暮れまでに宿が見つかることだった。

こういうものを捨ててしまったら、当時の記憶や、そのころ出会った人たちの面影も消えてしまう――かもしれない。でも、それでいいのでは？　それが正しい選択かもしれない。捨てて、前へ進む。そうしてこそ今の自分にふさわしいものが見えてくる。過去を引きずっていたら「今」を受け入れることはできない。

「今」を恐れるな。振り向くな。

自分の欲しいものについては、こんなふうに考えてみた。それを手に入れるために、自分はどこまでやるつもりか？　それと引き替えに、何をあきらめるか？　何を、どこまで我慢できるか？　そもそも、それって本当に必要なのか？

必要と不要の境い目など、実は誰にもわからない。

ここまで考えたとき、私は気づいた。自分が本当に欲しいのは「減らす」ことであり、「増やす」ことではないと。一夜の思いつきではない。ざっと10年、考えあぐねた末に到達した結論だ。

だからアメリカへ戻ると、さっそく文房具店に行ってプラスチックの大型クリアケースを6つ買い、不要な品を片っ端から詰め込んだ。今は地下室に置いてあるが、いつか必ず処分するつもりだ。か・な・ら・ず。

リンカーン大統領の小さな胸像、小学生時代に使った地球儀、もはや判読不能なメモ用紙の束。みんな捨てた(正確に言えば、詰め込んだ)。とにかく捨てた。残した分の4倍は捨てた。これでいい。

それで、さっぱりした。自由になれた感じがした。今をよりよく生きるためなら喪失も受け入れようと、思えるようになった。

片づけたら、私の書斎はほぼ空っぽになった。背が高くて、ふつうは製図用に使う広い机が1つ、それに合わせた椅子が1つ、読書用のゆったり椅子が1つ、写真のスタジオで使うような照明が2つ、日本映画『HiGH & LOW』オリジナル版のポスターが1枚、わが子2人の出生証明書、東京の地下鉄地図、そして捨てがたい本の数々。

あの「思索空間棟」の空っぽさには及ばないが、私の部屋にしては最高に空っぽだ。

お断りしておくが、そして信じてもらえないだろうが、私はこの文章を書くまで近藤麻理恵の名前すら知らなかった。でも、この原稿を最初に読んだ友人が教えてくれた。あのね、片づけの話なら近藤さんがずっと前に書いていて、『人生がときめく片づけの魔法』はアメリカでもベストセラーになっているけど……。気づかなかった。なるほど、片づけの元祖は近藤さんだ。恐れ入りました(＊19)。

いずれにせよ、部屋を片づけるとさっぱりするし、気分も晴れる。しかし、それだけではない。スマホを買い替えたいとは思わなくなる。新しい服が欲しいとも思わなくなる。

そもそも、なぜ新しいものを買い足すのか？　それに何のメリットがある？　そしてリスクは？　慣れ親しんだものを使い続けるほうがよくはないか？　性能が上がって、どれだけ便利になる？　流行の服を追いかけて、自分を見失うことはないか？

すっかり片づいた書斎を見渡して、私は思った。私は過去を捨てたのじゃない、過去を自分のなかに取り込んだのだと。もはや過去は見えない。今や私自身が過去だ。これが変化を受け入れるということだ。

建築家の磯崎新（2019年のプリツカー賞受賞者）が言っている。「宇宙と同様、建築も無から生まれ、何かになり、やがて無に帰る。誕生から死へ。このライフサイクルこそ私が表現したいプロセスだ」。建築以外の分野にも当てはまる言葉だが、この深い境地に彼を導いたのは生涯にわたる鋭い観察だった。観察は喪失やテンポラリティ（はかなさ）を受け入れることに通じ、外なる世界に関与・貢献する道ともなる。

巨匠・磯崎の言葉に学べば、自分の好き嫌いを封印して周囲の観察に徹し、それを通じて新たな表現の道を見つけることもできそうだ。無の気づきには、いずれ自分も消えてなくなるという感覚が含まれる。はかないのは自然界の定め。それに抗い、否認するのではなく、素直に受け入れる。磯崎は誕生と死に言及しているが、彼はその先にある「再生」も見据えていたに違いない。

さあ、過去の遺物で部屋を埋め尽くしてどうする？　モノを積み上げれば死を否定できるとでも？　そんなにたくさん集めたものを、じっくり楽しむ時間がどこにある？　今日のあなたはそこにいるが、明日は……。

10 ご先祖様は家にいる

日本人のお宅に、初めて招かれたときのことだ。私は玄関で靴を脱ぎ、室内用のスリッパに履き替え、廊下を通って居間に案内された。途中、右手に木製の小さなキャビネットがあり、モノクロの肖像写真が何枚か飾ってあった。家族の誰か、きっと故人の写真だと思った。写真と一緒に、なにやら宗教的なオブジェが置かれていたからだ。

仏壇というんだ。家の人がそう教えてくれた。居間には低いテーブルがあり、彼と私は向かい合って座った。彼の祖母がお茶と茶菓子を持ってきて、不思議なアルバムを見せてくれた。墨字の書き込みがたくさんあり、いろんなお寺のスタンプが並んでいた。何年も前に、彼女が夫と一緒に訪ねた各地の寺院でもらったものだという。

ちなみに彼女の夫は、さっき見た写真の中にいた。

仏壇。それは小さなキャビネット状のもので、部屋の一角などに、ちょっと見上げるような感じで置かれている。一種の祭壇であり、中には仏像と仏具(ろうそくや線香を立てる道具、果物とかの供え物を置く台など)が飾られている。それは故人のスピリチュアリティ(霊、魂)を思い出させる物理的な装置であり、基本的には祖先を弔うものとされるが、その意味や重要性は家庭によって異なる。

ご先祖様(の霊)は必ずどこかで子孫の行いや考えを見守っていて、その善悪をジャッジし、受け入れている。昔から日本の人はそう信じていて、それを忘れないために、どこの家にも仏壇が置かれている。一般には、そう理解されている。

が、必ずしもそうとは限らない。

仏壇が故人を弔い、その死を受け入れるための道具であることは間違いない。しかし、そこに「おまえは故人の望むとおりの行いをしなければいけない」というメッセージが込められているとしたら? つまり、故人を失望させる(と、あなたが想像する)ようなことをするのは故人に対して失礼だということ。この考え方は、あなたに善行を促すものとも言えるし、あなたの自由を束縛するものとも言える。

いや、どちらでもないのかもしれない。そもそも、故人が何を望んでいるかは誰にもわからない。故人はこの世にいない、いるのはあなただ。

仏壇は、あなたの行為を承認する装置になりうる。仏壇を置き、それに向かって毎日拝んでいれば、「ああ自分は祖父が望んでいたような人間だ」と思える（もちろん、自分の素行が祖父にばれることはないと承知の上で）。

私たちは自分で考え、自分の意思と責任で行動している。しかし、それを先祖がどこかで見ていて、承認（あるいは否認）していると仮定するのは、実にクリエイティブで便利なフィクションではないか。

それを信じれば、私たちの人生は等身大以上の意味を持つ。私を育てた誰かがどこかで私を見守っているとして、その誰かの期待に沿うような生き方を私がすれば、私はその誰かを（むろん比喩的にだが）永遠に生かしていることになる。

そう、私たちの人生には家族の歴史が詰まっている。その歴史を思い出させる物理的な装置が仏壇であり、それを拝むことで、私たちは自分が何者であるかを再確認できる。


さっきスピリチュアリティ（霊、魂）と言ったが、それは私たちを導きもすれば迷わせもす

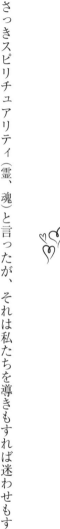

る見えざるもの、理解も説明もできない何かの総称だと思ってもらえばいい。そのせいで私たちは意外なこともすれば、意外な人と恋に落ちたりもする。日本の文化は陰影に深く沈む。それは自然が私たちに与えてくれるものを受け入れ、自然が私たちに望むことを受け入れることを意味する。そこで少し想像をふくらませ、自然には祖先の霊が宿っていると考えてみよう。そうすれば私たちは「ご先祖様」に見守られている、祖先の霊と一緒に生きているという仮定ができる。

そう考えると、仏壇は実にクールだ。モーリス・センダックの名作絵本『かいじゅうたちのいるところ』をもじって言えば、私たちの「いるところ」はご先祖様のなかであり、ご先祖様の「いるところ」は私たちのなか。その「いるところ」を物理的に可視化したのが仏壇ということになる。ご先祖様が何を望み、何を受け入れてくれるかは、実は私たちが勝手に想像すればいい。私たちが何をしようと、ご先祖様はきっと受け入れてくれる。

いや、そんなに簡単じゃない。仏壇は無罪放免の万能カードではない。家に仏壇を置き、そこにいるはずのご先祖様の目を意識し、自分の行動や感情がそれに影響されるのを受け入れる。そういう生き方は、遠い祖先の存在を今の自分の暮らしに有意義な形で取り込むことを意味する。つまるところ、仏壇は「現在は常に過去の延長線上にある」という事実を思い出させる物理的な装置でもある。

「ご先祖様の目」が架空の、しょせんは想像の産物だとしても、それでいい。それで私たちは自分の行動に歴史の感覚を、伝統の自覚を持ち込める。そのとき私たちは、現在だけの存在ではなくなる。勝手な未来を思い描くだけの存在でもない。自分が次の世代に託すレガシー（遺産）を考えるだけでなく、自分は先祖代々のずっしり重いレガシーを引き受けた人間だという自覚が生まれる。そうすれば平面的な世界観に深みが加わる。

いいかげんな生き方をすれば、あなたは周囲の人たちに迷惑をかけるだけでなく、あなたを生み、育て、死後も見守ってくれている人たちの名誉を傷つけることになる。仏壇に向かって拝むのは、親しい人の死（とその喪失感）を受け入れつつ、その思いを日々のリスペクトの表現に変えることを意味する。

ここで重要なのは、ご先祖様とて（キリスト教などの唯一神と違って）完璧な存在ではないという事実だ。だからこそ私たちは、よりよい存在になろうと努力する。忠誠心、勇気、粘り強さ、忍耐力。何でもいいが、そういう大切なものを教えてくれたのは私たちに先行する世代の人たちであり、彼らの生き様は今も私たちの指標となっている。

ただし人種やジェンダー（性別）、階級などの話は別だ。残念ながら、はるか昔の人たちにはこうした問題に対処した経験がない。

大切なのは、仏壇を見つめ、われらが祖先の偉大な勇気に思いをはせ、彼らの見つけたポジティブな価値観は今の難しい時代にも通用すると気づくことだ。

仏壇と向き合うことで、私たちの人生には新たな意味が加わる。自分たちの幸せや安定を願うだけでなく、祖先の苦労や願いにも気づく。そして彼らの死を受け入れ、その思いを自分自身のものとし、「ああ、私の祖父ならどうするだろう?」と考える。

ご先祖様は家にいる。これはまあ、ちょっと恐い。不安にもなる。しかし幸せの種にもなる。気は抜けない。ご先祖様は、ほめてくれる日もあれば渋い顔をする日もある。私たちにできるのは、ご先祖様が喜ぶ(と私たち自身がイメージする)ような生き方をすることだ。言うまでもないが、家に仏壇があればご先祖様をイメージしやすい。

仏壇は、けっして過去を無条件に祝福するものではない。過去(先祖)には欠点もあれば失敗もあるが、それでも過去は私たちの頭のなかにあり、その経験が今の私たちの行動や意識、決断を大きく左右する(ここで言う「過去」には先祖の過去も自分の過去の行いも含まれる)。過去が私たちの無意識の領域で大きな位置を占めていて、ときには現在の意識的な行動をも左右することは広く知られている。

仏壇があれば、そこに過去(祖先)の理想化された形を具体的に感じられる。そのとき「ご先祖様」の存在は単なる想像の産物ではなく、目に見える存在となる。仏壇の中に祖先はいない。それはロラン・バルトの言う記号(サイン)であり、その意味をどう解釈するかは私たち次第だ。しかし過去（祖先）が物理的な存在として目の前（家に帰ったときすぐ見える場所）にあれば、私たちはその意味するところを何とかして自分流に解釈しようとする。

その気になれば、今は誰でも、インターネットで簡単に仏壇や仏具を買える。あとは好きな写真を飾って線香を立て、果物を供えればいい（ただし宗教上は、仏壇に「魂を入れる」には一定の儀式が必要とされる）。

もちろん、西洋人が無理して仏壇を買う必要はない。別な形で祖先や伝統につながる方法はある。アメリカ人の家庭ならたいていそうだと思うが、わが家ではキッチンの壁に家族の写真をたくさん貼ってある。生きている家族のとは別に、亡くなった親や祖父母、親戚や兄弟の写真がある。それを見るたびに、私たちは彼らの築いた伝統が今も生きていることに気づき、亡くなった人たちを懐かしく思う。そして多かれ少なかれ、こう思う。ああ、みんな私のやることを見て、喜んだり悲しんだりしているのだろうなと。

私はイコン（聖像）とかシンボルとかを信ずるタイプではない。祖先の写真はほとんど飾っていないし、もちろん家に仏壇はない。それでも日々、両親や祖父母のことを思っている。彼らを失ったことは悲しいし、どうすれば彼らに喜んでもらえるかと日々考えている。それは（近代的・西洋的な）個人主義を封印し、どうすれば私の祖先が私を受け入れてくれるかを考えながら行動するプロセスだ。

他者（故人）を思い、自己を封じる（忘れる）。その思いが家族をつなぎ、家庭に満ちる。もう世俗のストレスに負けない。どうせ私たちがここにいる時間は限られているのだし、私たちが誰であるかはかなりの程度まで、いま自分が何をするかよりも、誰の子孫であるかで決まる。そんなふうに思えてくる。

あなたの家にも、きっとそんな写真や遺品があるはずだ。それを見ると、あなたは思い出す。とっくに死んでいるのに、ともすれば不思議なくらいリアルに、いま生きている友人や職場の同僚よりもリアルに感じられる人たちのことを。

仏壇には家族の歴史が記されている。そして私たちが先祖の死を受け入れれば、死した人たちに（想像の世界でだが）会えると教えてくれる。イギリスの小説家ヒラリー・マンテルが言ったように、私たちは「記すことで死者をよみがえらせる」のだ。

11

はい、わかりました

「はい」と「わかりました」は、私が日本で二番目と三番目に覚えた単語だ。最初に覚えた「すみません」同様、とにかくよく聞いた。

受話器を耳に押し当て、片方の手で口をふさぐようにした人が、前屈みになって頭を下げながら、これを何度も言う。いろんな人がいるが、みんな真剣な表情で、時には汗を浮かべ、言われたことを一つとして聞き逃すまいとしている——ように見える。「はい」と言って、しばし沈黙。そして「はい、はい、わかりました。はい！」また頭を下げ、電話を切る。これが日々のルーティンだ。

食堂でもホテルでも、バーでも喫茶店でも、ショップでも職場でも、日本の人は目をそらす。西洋社会で重視されるダイレクトなアイ・コンタクトの代わりに、日本では相手に対する姿勢や声のトーン、首の動き、話の流れに意味を込める。全身を使い、五感を総動員して意味を伝え、相手に対するリスペクト（敬意）やアクセプタンス（受け入れ）、理解を示すのが日本流だ。

「はい」は、まあ英語の「イエス」に似ているが、必ずしも同じではない。これがしばしば、西洋人と日本人の間で誤解の種となる。だが「はい」の後に「わかりました」を続けると、少し意味がクリアになる。「わかりました」は「アンダースタンド（理解）した」の意だ。日本人の言う「はい、わかりました」は、必ずしも同意を意味しない。相手の要求を「理解」したと言っているだけだ（英語の「イエス、アイドゥー」は「はい、そうします」なので、基本的に同意を意味する）。この「理解」から導かれる判断や行動は、けっして一つではない。

そもそも、相手が何を望んでいるかを「理解」しないことには賛成も反対もできない。要求を突きつけるだけでは、まだ相互の関係は成立しない。「はい、わかりました」と言って理解を示すことで、初めて両者の関係が始まる。

理解があって関係が始まれば、次なる段階に進める。私はあなたに言われたとおりにするかもしれない。しないかもしれない。後者の場合、あなたは私の「はい」に皮肉を感じ取り、次に会ったとき「いつになったら私の要求を聞き入れるのかね?」と言うだろう。あるいは「今度の金曜日までに結果を出してくれ」とか。いずれにせよ、「はい、わかりました」で互いの関係が動き出す。

私はこういう関係や交渉のプロセスが好きで、いろんな場合に実践し、けっこう素敵な効果を上げている。

最初に「はい、わかりました」と言うのは、相手の要求に理解を示し、合意に達するために本気で努力することを意味する。相手を苛立たせるようなことは控えましょう、という意思表示だ。

しばらく前のことだが、私はニューヨークで、ある人と面倒な関係になった。執筆を依頼されたのだが、何か月たっても具体的な締め切りとかの知らせが来ない。私は不安になり、苛立ち、怒りすら覚えた。そして気づいた。ああ、この人は気にしていないのだと。私への仕事の依頼だけでなく、すべてについて気にしない性質(たち)なのだと。彼は今まで他人への約束を気にしたことなどない、そんな男の人生に自分は巻き込まれたのかと気づいた。それで他人が傷ついても、気にしない男なのだと気づいた。そして、そう気づいてからは、私も気にしないことにした。

そう、「はい、わかりました」でいいのだ。わかりました、あなたは私との約束を気にもかけていないのですね。それなら私も一歩引いて、あなたとの約束など気にかけず、今の状況をアクセプトしましょう。そう思うことにした。私は一時的に彼の人生に巻き込まれたが、その仕事が終われば自分の人生を取り戻せた。怒りは引きずらなかった。

「はい、わかりました」の場合、事態がすぐに動くと思ってはいけない。たぶん、それなりの時間がかかる。まだ同意・不同意の表明ではない。これから互いに時間をかけて解決策を考え、(できることなら)互いの気持ちを理解し、問題解決に適した良好な関係を築きましょう。それが「はい、わかりました」だ。動き出す前に、まずは時間をかけて合意を形成する。その過程では自分の利益だけを考えず、相手の気持ちや利害も同じくらいに考慮する。そういう思考のシフトで日本の社会は成り立っている。

しかし明確な議論を欠き、結論の出ない状況が続けば、ものごとは停滞し、事態は悪化しかねない。この「成り行きにまかせる」関係性は、日本社会の抱える問題の一つだ。そのせいで低成長から抜け出せず、社会参加の機会が阻まれ、女性はなかなか企業や政府の要職に就けず、異性との交際や結婚の問題もこじれやすい。

しかし自己中心的で自己啓発・自己開発を重視するアメリカ型の文化にも問題はある。アイデンティティの喪失もそうだし、女性の経営者や議員はなかなか増えない。結婚のトラブルも絶えない。自分(と自分の同類)の幸せしか考えないからだ。そうすると、どうしても家族や友人、職場や地域の人たちとの絆が細くなり、他者への共感が減る。だが共感を捨てて自分だけ幸せになったつもりでも、その幸せは長続きしない。自分の欲望を満たすだけでは、他者と共生し、困っている人を助ける責任を果たせない。

共感を失えば不幸せになる。自分だけよければ幸せになれると思う人もいるだろうが、それは違う。他の人たちを幸せにし、みんなで達成感をシェアしてこそ、幸せは長続きするものだ。

幸せになりたければ、まずは他の人たちが気分よく暮らせるように努める。それが一番だ。そう思うから、日本の人はまず「はい、わかりました」と言う。

この言葉は、相手の言い分を聞き、理解したことを意味する。この理解の先に、相手の理解を得られそうな意思決定が来る。アメリカのように個人主義のはびこる社会では、とかく「勝つか負けるか」になりがちだが、「はい、わかりました」を言えば相手の視点を受け入れることになり、いわゆるウィン・ウィン(どちらも勝ち)の関係を築けるかもしれない。まさに「受け入れる」の精神だ。

受け入れる気持ちがあれば、やっかいな状況から生まれる怒りや恐れ、惨めな思いを最小化できる。そして状況を理解し、一歩引いてじっくり考える。「はい、わかりました」を言えば、考える時間ができ、瞬間湯沸かし器みたいに怒りを沸騰させずに済む。そして自分の気持ちや利害だけが最優先事項ではなくなる。相手の事情が理解できれば、少しは余裕ができ、ここは譲ってやろうかという気にもなる。

意思の疎通をはかり、相手をよく観察し、良好な関係を築くよう努める。これは面談や電話でのやり取りだけでなく、ネット上のコミュニケーションでも大事だ。今は誰もがインターネットを通じて友人や同僚と、そして見ず知らずの人とも交流している。そこには人と人の接触がないから、詐欺やヘイト・スピーチ、いじめや中傷の温床になりやすい。しかも、電子メールの文面はどうしてもアグレッシブになりがちだ。要求を伝えるとか意見を述べる場合には、とくにそうだ。

マサチューセッツ工科大学（MIT）の心理学者シェリー・タークルは長年にわたり、テクノロジーが人間の行動に及ぼす影響を研究してきた。彼女によると、インターネットのバーチャル（仮想）空間で過ごす時間が長ければ長いほど、私たちの共感力は減るらしい。そのとおりだ。もちろん技術の進歩は大切で有益だが、今の私たちはあまりに多くの時間を機械との「対話」に浪費している。

家庭や教室、レストランなどでのネット利用を制限することは可能だろう。しかし全体としては、今後もバーチャル空間でのコミュニケーションは増えていく。好むと好まざるを問わず、インターネットが私たちの想像力を支配する傾向は強まり、そこで稼ぎ、そこで有名になろうとする人が増える。そこで「炎上」する人も増える。

しかたない。馬が自動車に駆逐されたのと同じだ。それが「進歩」というものだ。

地下鉄の車内で、みんながスマホでネット・サーフィンしている光景を、私は受け入れる。スマホなんてなかったころ、人は隣の席に座っている人に向かって毒づいていたものだ。私もそうだった。

その昔、郵便や電話で飛行機やホテルの予約を入れるのはひどく面倒だった。本当に「格安」かどうかをネットで確かめる手段もないのに、ひたすら長い列に並んで買い物をするのも苦痛だった。昔なら遠くの店まで買いに行く必要があったものを、今ならネット通販で翌朝までに届けてもらえる。空いた時間で、私は愛犬を連れて散歩に行くこともできるし、ジムで汗を流すこともできる。本を読んだり手料理を作ったり、あるいは友人と会話を楽しむこともできるだろう。

インターネットのおかげで暮らしが便利になったことは、私だって否定しない。でも、ネットの世界にも「はい、わかりました」は必要だと思う。共感力の減るネット上でこそ、相互理解の努力が必要だ。

アメリカに比べると、日本では（もちろん例外はあるが、一般論として）電子メールの文面や

SNSへの投稿にも、相手に対する一定の配慮が感じられる。こんな具合だ。「わかりました、今回はお会いできないということですね。私の滞在予定が短すぎるからですね。でも本当に残念です。ぜひ次の機会にお会いしたいです」。あるいは「はい、わかりました、金曜までに書類が欲しいのですね。でも残念ながら、まだ手元にないのです。少し予定をずらしていただけませんか」。あるいは「すみません、誤解があったようです。仕切り直しましょう。どう思われますか?」

相手より先に「はい、わかりました」と言う。そうすれば「今までは理解していませんでした」と間接的に謝ったことになり、次の一歩へ進める。それでいい。

12 道元ならどうする？

中国（南宋）での修行を終えて帰国した禅師・道元が、まだ京の建仁寺にいた1229年のこと。禅の奥義をきわめた道元にとって、日本仏教の実情は嘆かわしいものだった。僧院の冬は室内にいても凍えるほど寒く、夏は汗だく、梅雨はじめじめ。しかも修行僧の食事は粗末。そこで道元は考えた。よし、まずは料理の作り方から教えよう。僧院では食事の準備も食べることも修行の一環とされる。そうであれば、禅の教えにもとづく料理本があっていい。でも、どこから始めたらいいのか？

求めるのはヘルシーさか、栄養バランスか、それともおいしさか？

まだ鎌倉時代のことだ。まともな診断や治療のできる医者はいない。病院はないし、料理学校もない。栄養学者もいない。まだ科学の時代ではない。

当時の学問は詩的ないし叙情的な自然観察の域を出ず、不可知なものごとを受け入れ、生あるかぎり痛みや死は避けがたいと、みんなに覚悟させるしかなかった。

痛みをやわらげる手段は少なかった。赤子が死ぬのは珍しくなく、運よく5歳の誕生日を迎えられても、寿命は30年そこそこ。だから日本の人は命のはかなさを受け入れ、故人の魂は山や森に帰って永遠に生きると信じた。

現世で生きるのは厳しい。気づきがなければ生きていけない。道元はそう考えた。気づきをもたらすのは自分のように俗世を離れ、自然と一体化するための修行に身を捧げた者の務めだ、とも。

しかし、そもそも自然は私たちに何を求めているのか？　その答えを、どうすれば知り得るのか？　知り得たとして、どうすればその要求に応えられるのか？

答えを探そうにも、情報はほとんどなかった。図書館はないし、議論の場もない。あるのは何百年も前から暗誦によって伝えられてきた経文と、先人の教えだけだった。

もちろん、外の世界はもっと厳しかった。道元とその弟子たちには、少なくとも（空調システムはなくても）住むべき家があり、耕す土地があり、調理する食材はあった。偉大な自然に受け入れてもらう道を模索する、時間もあった。

道元（1200～1253年）自身、立派に53歳まで生きた。しかし庶民はそんなに生きられない。住環境は劣悪だし、毎年のように台風や洪水に襲われ、飢饉も頻発していた。封建領主たちの争いに巻き込まれることも多かった。だからこそ、道元のような精神的指導者の助けを必要としていた。

しかし道元は革命家タイプではなかった。庶民を助けるための制度改革より、ひたすら仏の道をきわめるために生きていた。そもそも禅宗の寺院を庇護し、僧侶たちが安心して瞑想の日々を送れるようにしていたのは武士、つまり封建領主だ。庇護と引き替えに、禅宗は封建領主の支配に正統性を与えた。武士を美化し、武家の頭領を神のごとく祀りもした。武士に反旗を翻すのは、禅僧にとって道に反し、自然に背くことだった。

だから道元は争いを避け、ひたすら自然と同化する道を選んだ。その結果、期せずして日本料理の真髄をきわめ、その極意を自ら書き記すことになった。彼には先人の知恵も教科書もなく、相談相手もいなかった。いったい、どうやって彼は学んだのか？

深い観察によってだ。

幸いにして、時間はたっぷりあった。仏典以外には読むべき本もない。僧侶としての勤めを終えれば、残りの時間はすべて思索と観察に費やせた。だからひたすら自然に目を向け、自然が望むところを見きわめ、どうすれば自然のなかに溶け込めるかを考えた。自分の呼吸に耳を傾け、肉体を感じ、そのはかなさを受け入れることができた。

この肉体は何を欲しているのか？　いかにすれば自然を受け入れられるのか？

僧院にこもる道元は、庶民の飢餓にも封建領主の酒池肉林にも無縁だった。だから一切の妥協を排して理想を追い求めた。非現実的でもいい、とにかく料理の理想を言葉にすること。それに専念できた。

結果はどうか？「料理には五味・五色・五法があると、道元は言っています」(＊20)と教えてくれたのは、ザ・リッツ・カールトン京都に入る懐石料理店「水暉《みずき》」の料理長・三浦雅彦だ。五味は甘(あまい)、苦(にがい)、鹹《かん》(塩からい)、酸(すっぱい)、辛(からい、英語の「スパイシー」に相当)。五色は赤、青(緑)、黄、白、そして黒。五法は煮る、蒸す、揚げる、焼く、そして生(なま)だ。

なるほど。しかし、およそ実用的とは思えない。これが役に立つのか？

三浦シェフによれば、道元は今から約800年前の1237年に『典座教訓《てんぞ》』を著している。典座は僧院の役職で、いわば料理長だ。この本には正しい料理づくりの指針と規則が述べられていて、今でも日本ではプロの料理人のバイブルとされている。その教訓を忠実に守っているのは懐石料理(＊21)だが、『典座教訓』の基本哲学は今も日本の食文化に息づいている。焼き鳥屋でもラーメン屋でも、料理人はカウンター越しに見つめる客人の目の前で腕を振るうのだ。『典座教訓』にはこうある。「典座は常に現場にいて目を光らせ、調理中の飯や汁物に細心の注意を払うこと。これは自分が自ら手を下すときもそうだし、助手に手伝わせたり、釜の火加減をまかせるときもそうだ。……素材が粗末であっても、けっしておろそかにしてはならない。上等な素材に接するときは、いつも以上においしい料理に仕上げるよう励みなさい」

毎日の仕事だからと言って、惰性でやってはいけない。常に細心の注意を払って作業に取り組み、食材と真摯に向き合い、誰に供する食事かを考えよ。そして食べ物を通じて自然と一体化するという思いを忘れるな。これが道元の教えだ。

一般の日本人が、日々の台所仕事で五味・五色・五法を守っているわけではない。そんなに手間と時間をかける余裕は、ふつうはない。それに、道元の言うとおりにやるには相当な技術が要求される。

それでも道元の教訓が今も、プロの料理人だけでなく庶民の台所でも生きているのはなぜか。道元が具体的な焼き加減や味つけの秘訣ではなく、食材＝自然と向き合う一般的な指針を示しているからだ。道元は私たちに、何をどうやって食べるかを徹底的に考えろと説く。この教えは、日本だけでなくどんな料理、どんな食材にも当てはまる。それは自然をじっくり観察し、味わい、受け入れろという教えなのだ。

道元の時代、日本人は基本的にベジタリアンだった。僧侶や武士なら上等な精進料理を味わう機会もあっただろうが、庶民の食事はもっぱら野菜と粥(西洋で言うオートミールの類)だけだった。運よく手に入れば魚介類も食べたが、牛肉を食べられるようになったのは1872年に明治天皇の布告が出てからだ。豚の飼育や鹿などの狩猟は古くから行われていたが、庶民の食事はいたってシンプル。いわゆる「腹ごしらえ」ができればよしとされていた。

しかし腹を満たすため、あるいは宴席で見栄を張るためだけの食事では、食材と自然のつながりは見えてこない。どちらの場合も、食材は人の必要あるいは欲望を満たすためだけに存在する。これでは食材が自然界でどんな意味を持っているかに気づけない。

「和食」と聞くと、今の人たちは見た目がきれいですごく高価な料理を想像するだろう。寿司や懐石料理、あるいは絶品のラーメンやそば・うどん。日本の美食ツアーで連れて行かれるのはミシュランの三つ星レストランであり、人気の焼き鳥店や居酒屋、焼き肉店やトンカツ屋であり、あるいはびっくりするほど値の張るステーキハウスだったりする。しかし道元の時代の、いや半世紀ほど前までの日本食は実にシンプルで、それは国の経済力や国際的な地位を反映していた。

日本人の食生活の変遷に詳しい小林和彦先生(元東京大学農学部教授)によれば、20世紀前半までの日本は慢性的に食糧が不足していた。とくに農村部では、いわゆる「食うのがやっと」

の状態が少なくとも1920年ごろまで続いていた。東京近郊（茨城県）に暮らす庶民からの聞き書きをまとめた佐賀純一の『田舎町の肖像』（1990年に英訳が出た）には、1904年生まれの男のこんな回想が載っている。「うちの村では米と麦を混ぜて食べた。まあ麦6に米4なら上等だったな。……うちの村は山だったけど、新鮮な川魚は滅多に食えなかった……新鮮な海の魚なんて、一年中お目にかかれない。ただ正月だけは別で、たいていの家が塩漬けの鮭を一本買った。それが精いっぱいで……」

つまり、「すきやばし次郎」の寿司なんて夢のまた夢。寿司どころじゃない、粥があれば満足。魚はないし、鶏肉もない。豚肉もビーフもなしだ（＊22）。

今でこそ米（稲）は日本のシンボルとされているが、米が日本人の主食と認定されたのは1939年のこと。戦時体制下で一定量の米が国民に「配給」されることになった。

小林先生によれば、それまでの米は庶民の常食というより、むしろ「富と権力と美」の象徴だった。そして「ああ、米が食いたい」という人々の思いが、米をほとんど神に等しい地位にまで押し上げていた。

道元の生きた時代もそうだった。たいていの人は粥を常食とし、30歳まで生きればラッキーだった。たまにでも豪勢な料理にありつけるのは権力者と富裕層のみ。彼らは国民大多数の貧困の上にあぐらをかいていた。

小林先生とは何度か食事を共にしたことがある。大学の近くにある小料理屋で、畳に座り、刺身や温野菜をつまみに酒を酌み交わし、締めは温かいうどん。先生はシャイで、もの静かな人だ。髪は真っ白だったが、自転車通勤で鍛えた足腰はしっかりしている。人の話をじっくり聞き、しばらく考えてから口を開く。自分の意見を述べ立てるより、こちらの知らない事実を教えてくれることが多かった。

私は逆で、言いたいことを言うタイプ。いつもように日本料理のシンプルさを絶賛し、その微妙な香り、食材と自然の結びつき、濃いソースに頼らない味つけが好きだとまくし立てた。ええ、自然な味がいいんです、素材を生かした刺身や山菜、旬の野菜、ショウガを添えて醤油をたらした絹ごしの豆腐とか……。

ずり落ちてきた眼鏡を、先生は指で押し戻した。しばしの沈黙。そして言った。「日本は貧しかったのです。食事がシンプルなのは、ずっとお金がなかったから。昔の日本はダメだったのです」

しかし道元がいた。独創的だが伝統には忠実で、ひたすら読経と祈りの世界に生きた道元。

彼は味覚と色と調理法のパターンを見抜き、800年の歳月を経た今も、その知見が生きている。

私はボストンとニューヨークで、3つのレストランで何年か働いた経験がある。プロの料理人ではないが、今も自宅で素材を選び、シンプルな料理を作っている。覚えたレシピは、完璧には程遠いが、ざっと20種類。和食とイタリアン、そして北米料理で、出汁にも塩コショウにもこだわる。マグロも焼けばチーズバーガーも作る。

料理をしていると、道元の言葉が頭に浮かぶ。どこに時間をかけ、どこは手早くやるか。皿に盛ったとき料理がどう見えるか。食材は煮るのか蒸すのか、揚げるのか焼くのか、あるいは生（なま）で供するのか。客人の好き嫌いも考慮する。そうすることで貴重な食材に、そして（間接的にだが）大切な客人に語りかける。客人が最初の一口を食べる前に、そういう関係ができあがっている。

これから調理する動物たちがどうやって育てられ、どう処理されたかも考える。肉食が地球環境に及ぼす影響も考える。だから私は、ボストンでは滅多に外食しない（＊23）。それに、自分で調理すれば塩や砂糖を摂りすぎることもない（＊24）。

いろんな人、いろんな要素が食べ物には関わっている。家畜たちの肥育環境や地球環境への負荷、牧畜や食肉加工に携わる人たちの労働環境、高級レストランやファストフードのチェーン店を買いあさる投資家の行為が食文化や経済に及ぼす影響、店内で働くウェイターや裏方の精神衛生など、どれも深刻な問題だ。いま考えなければ、いずれツケは私たちに回ってくる。

理屈をこねるつもりはない。私だってハンバーガーやチーズステーキは好きだ。地産地消にこだわり、有機野菜だけにこだわるタイプでもない（以前に比べたらずっと菜食系になっているのは確かだが）。大事なのは、食材の調達と調理にかける時間は、それを食べる時間よりずっと長いという事実。だから、かぶりつく前に考えてほしい。その食材がどこから来て、どうやって調理されたのかを。

まあ、この点についてはマイケル・ポーランの*Cooked*（邦題『人間は料理をする』）とかを読んでほしい。彼は私などよりずっと、ずっと先を行っている。日本料理とその伝統についても、今は英語で読める参考書がたくさんある。個人的に気に入っているのは次の4冊だ。

まずは辻静雄の『Japanese Cooking: A Simple Art』。日本料理の真髄を説いた名著で、偉大な料理評論家M・F・K・フィッシャーが序文を寄せている。そこでフィッシャーは自らの体験に触れ、「（日本で本物の料理を）深く味わって以来、私は家で自分のために調理するとき、使うソースでも食材の準備でもシンプルさを重視するようになった。また知人の家やレストランで食事をすると、味つけが濃くて重たいと感じるようになり、食材の鮮度も劣ると思った」と記している。料理の哲学に加え、実用的な示唆にも富む本で、何度読んでも新たな発見がある。

ヒロコ・シンボの『The Japanese Kitchen』は家庭で作れるレシピが豊富で、手順の説明も親切ていねいだ。

エリザベス安藤の『Washoku』は和食の百科事典といった趣きで、日本の伝統食の意味をわかりやすく説明している。教わるところが多く、実用的でもある。

比較的新しく、見るだけでも楽しいのはナンシー・シングルトン・八須の『Japanese Farm Food』。これは２０１５年に『スタンフォードの花嫁、日本の農家のこころに学ぶ』という題で邦訳も出ている。ネギ味噌の作り方から山菜天ぷらの揚げ方まで、野菜中心の家庭料理で心まで温まりたい人にはうってつけの一冊だ。

道元は独創の料理人ではなかった。彼が『典座教訓』を書いたのは、日本がまだ救いがたく貧しかった時代。だから自然とつながり、自然に助けてもらう必要性を痛感し、手元にあるわずかな材料を最大限に活かすべきことを知っていた。人の命をつなぐ食材との関係を通じて、この世界における人間の立ち位置を「受け入れる」ことも。

料理に対するこうしたアプローチが僧坊から生まれたことも特筆に値する（禅宗では食事の支度も後片づけも、食べる行為も修行のうちだ）。料理学校やレストランの厨房、あるいは宮廷料理からは絶対に生まれてこない。

道元の教えの根底には命のはかなさへの気づきがある。悲しみや恐れ、怒りや絶望にとらわれて自然との結びつきを忘れてはいけないという思いがある。まだ満腹じゃない？　人生は短すぎる？　冗談じゃない、自然の命じるままに食せ！　手に入った食材を受け入れ、それを最大限に活用しろ！

今の日本はすごく近代化され、（少なくとも国としては）すごく豊かになった。だから道元の教えを、そのままの形で見る機会はほとんどない。一般の人が伝統の精進料理を体験できるのは一部の料亭や旅館のみ（ただし値が張るのは覚悟して）。そこでは手間と時間をかけた料理が順々に、ゆっくりと供される。どの一皿にも、見逃せない個性がある。食器やその配置、食器を置く給仕さんの手さばきも絶妙で、客人は料理を口にする前から別世界へと誘われる。

もっと高級で、もっと洗練されているのが懐石料理。透明感のある輝きを放つホタルイカや、料理長が朝早く起きて山から摘んできた山菜には、どんな食材も勝てない。日本で懐石や精進料理のシェフを名乗れるようになるには長年の修業が必要で、師匠に許され、仲間に認められなければならない。けっして容易なことではなく、多くの場合、その技は親から子へと受け継がれていく。

懐石や精進料理は、庶民がふだんから食べるものではない。しかし庶民の日々の食事にも道元の教えは生きている。みんな料理の由来（ラーメンや餃子は中国から、天ぷらはポルトガルから、カレーはインドから、焼き肉は韓国から）を正しく知り、味や彩りの違いを理解し、食感の違いを知っている。この食材がどこから来て、どうやって日本人の暮らしに入ってきたかに気づいている。この気づきが、さらに食文化への理解を深める。

食は日々の暮らしの一部であり（だから「食生活」という言葉がある）、単なる生命維持の行為ではない。こういう意識は、日本では早い時期から育てられる。もしアメリカでも学校でちゃんと教えていたら、こんなに肥満児は増えなかったはずだ。

日本の場合、健康な食生活へのアプローチは小学校の「給食」から始まる。自治体ごとに制度の運用は異なるが、必ず専属の栄養士がいてメニューを決めている。公立の小学校ではすべて給食が実施されており、たいていの公立中学校にもある。給食のない中学校では、親が弁当を作って持たせる。高校になると給食はなく、弁当持参か学校周辺の店で弁当を買うことになる。

ウェブサイト「ジャパントゥデイ」に載った記事によると、日本の学校給食のルーツは1889年の山形県鶴岡市にある。市内の寺の境内に小学校ができたが、貧しい家庭には子どもに持たせる弁当を作る余裕がない。見かねた僧侶らが浄財を集め、児童向けの昼食を提供することにした。それが始まりだという。最初はお握りと焼き魚、漬け物だけのシンプルなランチだった。これが評判となって学校給食は各地に広まった。ご飯に肉や魚、野菜を添え、椀物は日替わりの味噌汁というのが一般的なメニューだった。

その後、給食は学校教育の一環と位置づけられた。戦後の1954年には学校給食法ができた。前述の記事によれば「給食は児童教育の一部として正式に認知され、（全員が同じものを食べる体験を通じて）食事の作法と、食べ物の由来を教える機会とされた」。

友人のユミさん（彼女の夫は小児科医）に学校給食の思い出を聞いたら、こんな答えが返ってきた。「ご存じないでしょうけど、少なくとも中学3年生まで、日本の学校では給食以外に何かを食べたり飲んだり、ガムを噛んだりするのは禁止されています。キャンデーもチョコレートも、ソフトドリンクの持ち込みも許されません」

なるほど。規律を重んじる日本ではありそうなことだ。で、子どもたちは給食で何を食べているのか。

給食のメニューは自治体によって異なるが、基本的に季節と地元の食材を重視し、バランスと鮮度、食材の種類を考慮して決められる。日本の給食と「食育」を紹介するウェブサイト「ナリッシング・ジャパン（Nourishing Japan）」によると、基本構成はタンパク質（魚、大豆、鶏肉、レバーなど）と炭水化物（米飯かパン、または麺類）、そして少なくとも2種類の野菜だ。そして「日本では食物を3つの色に分類している。赤（肉、魚、ミルク、海藻など）、黄（米、ジャガイモ、小麦粉、マヨネーズなど)、緑(野菜類)で、給食のメニューにはこの3つが揃っていなければならない……」という。

これを見て私は道元の「五色」を思い出した。再びユミさんに聞いてみた。

「ええ、そうよ。赤はタンパク質、黄色は炭水化物、緑はビタミン類。それぞれに役割があるのね。タンパク質が私たちの体をつくり、炭水化物がエネルギー源になり、ビタミンは体のコンディションを整える。私の小学生時代には給食の時間になると校内放送があって、その日のメニューと、どの栄養素がどの食べ物に含まれるかを教えてくれた」

他にも日本の学校給食には興味深い特徴がある。ユミさんによると、アレルギー体質や病気の場合を除いて、食べ物の好き嫌いを言うのは「わがままな行為」とされ、「みんな同じものを食べているのに、どうしてあなただけ……」と注意される。

また月初めには1か月分の献立表が送られてくる。親はそれを見て、自分の子が昼食に何を食べているかを知り、足りない栄養素は夕食で補うよう指示されるそうだ。

つまり家庭は学校の延長であり、自分勝手は許されないということ。子どもは家庭と学校で構成されるトータルなシステムの一員なのであり、しかも学校の先生と家庭の親は連絡を取り合っている(子どもたちよ、君らに逃げ場はないのだ!)。

アメリカの人類学者ゲイル・ベンジャミンが書いている。「好きなものだけ食べるのではなく、嫌いなものも食べる。それが日本では正しい振る舞いとされる。……体にいいかどうかは別として、誠実さと協力の精神が強調され、わがままは排除される」

日本の人は大人になっても食についての思索を続け、食べ物の分類にこだわる。他の民族や宗教でもそうだろうが、とりわけ日本の文化は食材や調理法の由来にこだわり、特定の食材や調理法との一体感ないし帰属意識を大切にする。

たとえば日本には「洋食」と「和食」という分類がある。読んで字のごとくだが、東京在住でベントウ・ドット・コム（bento.com）の主宰者ロブ・サッターホワイトに言わせると、その違いはこうだ。「洋食の定義はあいまいで、文脈によって大きく異なるが、個人的にはカレーライスとオムライス、ハンバーグステーキ、それにエビフライを出すのが『洋食屋』だと思っている」

対する「和食」は純粋に日本的な料理だ。２０１３年にはユネスコの「世界無形文化遺産」に登録されている。そのときの定義によれば、和食は「食べ物の生産・加工・準備・消費に関わる一連の技と知識、熟練と伝統を踏まえた社会的な実践」であり、それは「天然資源のサステナブル（持続可能）な利用と深く関わる自然に対する深いリスペクトの精神と一体化している」。

なんだか抽象的な話だが、私は思った。この知らせ、道元さんならどう思うだろう？800年前の日本に生きた禅師の思いを推し量るのは難しいが、たぶんユネスコの決定を喜ばれるのではないか。料理に「天然資源のサステナブル（持続可能）な利用と深く関わる自然に対する深いリスペクト」を見るのは『典座教訓』の精神につながるからだ。

そう、和食には道元の教えが生きている。さっそく日々の料理に採り入れようではないか。食べることを通じて自然へのリスペクトを示そう。もちろん五味・五色・五法を忘れずに。それ自体は単純な分類にすぎないが、資源の持続可能性と自然へのリスペクトという観点から捉えなおすと、その深い意味が見えてくる。

料理と食を通じて自然に対する気づきを深め、自然界での自分の居場所を受け入れる。それを心がけていれば、やがて気づく。本当に大事なのは自分の命でも食べ物でもなく、人生のはかなさを受け入れることなのだと。食べ物は私たちの命を維持するのに欠かせないが、ひとつ間違えば私たちの命を縮めもする。

実際、砂糖や塩、カロリーの摂りすぎは体に悪い。食べて寝るだけのライフスタイルも体に悪い。

バッラフ・スミルと小林和彦の共著『日本人の食生活の変容とその影響』（英文、2012年）にはこうある。「他の富裕国や一部の低所得国に比べ、日本の砂糖消費量は今も著しく低い。……いかなる富裕国と比べても、砂糖に由来する食物エネルギーは少ない」

ヘルシーで栄養バランスを考慮した学校給食、旬の素材を活かした家庭料理など、日本人の食生活は素晴らしい。そのすべてを道元の功績とすることはできないが、その原点に彼の『典座教訓』があるのは間違いない。あの本は私たちに、食について深く考えるよう促し、その精神的な意味合いを理解するよう求めている。

彼が禅僧だったこと、彼の生きた時代がとても貧しく、庶民は「食いつなぐ」だけで精いっぱいだったことを思い出そう。そんな時代に、道元は800年後の今日も生きている食のルールを定めたのだ。五味・五色・五法という単純だが深い基準を示すことで、彼は食を「個」から解き放ち、他の人たちと分かち合う経験に変えた。学校や地域社会に、ひいては自然界に「受け入れ」られる学びの機会に変えた。

彼は自分ではなく他者に注意を向け、観察に力を注いだ。道元はエリート料理人ではなかったし、『典座教訓』に美食のレシピは載っていない。彼が説いたのは、ひたすら考えろということ。そして五味・五色・五法を組み合わせて工夫すれば、たとえ自分が料理の初心者で粗末なキッチンしかなくても、どんな料理も生み出せることに気づけばいい。考え、結果を予測し、そして食のもたらす可能性をリスペクトすればいい。つまるところ、人は食を通じて自然とつながり、人と人のつながりを再確認できるのだ。

それが道元の言いたかったことだと、私は思う。

13

決めるのは誰？

凡人の常として、私も決めるのは苦手だ。決めろと言われると、ますます決められなくなる。パソコンの前に座り、まっさらな画面を見つめ、さて何の話を書こうかと思いをめぐらす。それだけで何日も過ぎてゆく。誰も慰めてくれないから自分に言い聞かす。しかたないさ、努力はしている、毎日こうやってパソコンを開き、仕事のことを考えてるじゃないか。決められないのは、決めるまでの産みの苦しみだ……。

それで少しは気が晴れても、まだ決められない。

そうしたら、こんな言い訳を用意する。いやいや、誰もおまえに「決めろ！」と命じてはいない、これはおまえが自分で選んだ生き方じゃないか。

適当な言い訳が尽きたら、誰かの言葉や有名な台詞とかを思い出し、決められないのは自分だけじゃないと自分に言い聞かせる。自分は「決められない仲間」の一人にすぎず、もっと難しい状況で決められずに苦しんでいる人はたくさんいる。苦しいのは自分だけじゃない、そもそも自分はちっぽけな存在だ。そう思うことにする。そうすれば決められない状況を受け入れ、やたら自分を責めたりせず、冷静に状況を見つめられる。

日本では学校の教室にも子どもの勉強部屋にも、いろんな標語や名言・ことわざの類が貼ってある。たいていは集団の一体感を高め、鼓舞するような言葉だ。

ユキさんは日本時代からの友人で、今はボストン在住。日本の酒蔵めぐりツアーを企画するかたわら、当地で日本文化の紹介をしている。そんな彼女が教えてくれた。「日本の伝統的な家には掛け軸というのがあって、そこには墨で言葉が書いてある。たいていは励ましじゃなくて、考えさせる言葉ね。『一期一会』とか、『色即是空』とか」

アメリカ人の家庭に『Now or Never（今しかないぞ）』とかの言葉が飾ってある光景は、ちょっと想像しにくい。なにしろ今日よりも明日に期待し、明日を信じるのがアメリカン・ドリームだ。文化の違いは否定できない。

ちなみに「一期一会」は、今の経験は二度と同じようには起きないという意味。だから今の出会いを大事にし、全力を集中しろということだ。

「色即是空」は禅の教え。英語の解説サイトを見ると、こんなふうに説明してある。

「物質も人の心も日々の出来事も、すべては同じところから発しているという考え方。人の目にはどれも違って見えるかもしれないが、本当の状態は一つだ。突き詰めれば、すべては一つ。なぜならすべてはある種のエネルギー（力）だから。……すべての現象は同じエネルギー（力）から生み出される」

わかりにくいのは、まあ文化の違いだ。しかし「物質も人の心も日々の出来事も、すべては同じところから発している」という視点を受け入れれば、私と他者、私と自然を分かつ違いなるものはすべて、私たちが投影した幻ということになる。つまり、実のところ私たちの出自は（そして行く末も）すべて同じ。そう思えば楽になれる。「違い」が幻にすぎないなら、今でこそ自然から切り離されていると嘆いていても、実はずっと自然のなかにいるのだと安心できる。ならば、みんな同じ仲間だ。

ユキさんは日本の学生が自分の部屋によく貼っている標語も教えてくれた。「頑張れ」と「必勝」だ。

こちらはわかりやすい。しかし「一期一会」や「色即是空」同様、けっして身勝手な願いではない点に注意してほしい。「頑張れ」も「必勝」も、それを目にする人すべてに向けられた言葉だ。これが英語だと、「オマエの全力を尽くせ」とか「オマエならできる」とかになってしまう。主語のオマエ（you）を省略できない英語の宿命だが、どうしても利己的なメッセージになってしまう。

それからユキさんは「日本人なら必ず中学校で習う」宮沢賢治の詩、「雨ニモマケズ」（1931年）も教えてくれた。念のために全文を引用しておこう。

雨ニモマケズ
風ニモマケズ
雪ニモ夏ノ暑サニモマケヌ
丈夫ナカラダヲモチ
慾ハナク
決シテ瞋《イカ》ラズ
イツモシヅカニワラッテヰル
一日ニ玄米四合ト
味噌ト少シノ野菜ヲタベ
アラユルコトヲ
ジブンヲカンジョウニ入レズニ

ヨクミキキシワカリ
ソシテワスレズ
野原ノ松ノ林ノ陰ノ
小サナ萱ブキノ小屋ニヰテ
東ニ病気ノコドモアレバ
行ッテ看病シテヤリ
西ニツカレタ母アレバ
行ッテソノ稲ノ束ヲ負ヒ
南ニ死ニサウナ人アレバ
行ッテコハガラナクテモイヽトイヒ
北ニケンクヮヤソショウガアレバ
ツマラナイカラヤメロトイヒ
ヒドリノトキハナミダヲナガシ
サムサノナツハオロオロアルキ
ミンナニデクノボートヨバレ
ホメラレモセズ

クニモサレズ
サウイフモノニ
ワタシハナリタイ

ここで「ジブンヲカンジョウニ入レズニ／ヨクミキキシワカリ」という言葉は、孤独に陥らない方法を説いている。自分よりも他者を優先し、他者の要求に耳を傾け、理解するよう努めるのは、とりもなおさず自己満足より他者との関係を重視するということだ。

また「西ニツカレタ母アレバ／行ッテソノ稲ノ束ヲ負ヒ／南ニ死ニサウナ人アレバ／行ッテコハガラナクテモイ、トイヒ／北ニケンクヮヤソショウガアレバ／ツマラナイカラヤメロトイヒ」は、人としてなすべきこと・できることの手本を示している。そしてどちらも、地域社会（コミュニティ）は共通の価値観と人々の絆があってこそ成り立つと教えている。

とりわけ「ツマラナイカラヤメロトイヒ」がいい。どちらの肩を持つのでもなく、ただ争いは無益だと言ってやる。それなら双方とも納得しやすい。これぞ人助けだ。

ここにあるのは大きな共感だ。共感を受け入れ、地域社会や集団の価値を認識し、自分よりも他人のニーズを優先すれば、決断もしやすくなる。自分のため、自分の幸せのためと思うから迷いが生じる。だが人のため、みんなのための決断に迷いはない。

日本の人は中学校で、この詩を習うという。すべてを暗記しないまでも、その言葉のいくつかは彼らの記憶に残り、多感な思春期を生き抜くうえで何らかの導きになる。むろん万能ではないし、時代遅れな面もあるだろう。しかし、これだけは時代を超えた真実だ。自己利益の追求だけが、人生の目標ではない。

そう、目標は「ホメラレモセズ／クニモサレズ／サウイフモノニ／ワタシハナリタイ」だ。思春期の青少年には「私は何者なのか、何のために生きているのか」という問いがつきものだが、この言葉にはその答えが示されている。宮沢賢治の言う「私」は、集団の一員であり、すすんで他人の助けをし、いざとなれば自分も同じ集団の人たちに助けてもらえると信じ、みんなで集団を今よりもよくしていく存在だ。

自分の価値観以上に大事なものとして、集団の価値観を受け入れる。日本の人にはそういう心構えがあり、それを支える社会的な仕組みがある。社会インフラや医療の充実を重視し、富を(少なくとも西洋社会に比べれば)公平に分配し、誰もが十分な医療を受けられる仕組みがある。こうした仕組みを作り、育てることができたのは、日本に個人よりも集団を大事にする考え方があったからだ。この考え方は早くから家庭で育まれ、学校で教えられ、思春期を通じて維持される。この考え方の底には、人間の弱さを受け入れ、みんな助け合わねばならないという強烈な気づきがある。

自分の決断が他の人にどんな影響を及ぼすか、考えたことがありますか？

私は仕事場の壁に、8つの好きな言葉を書いた紙を貼ってある。どれも手を伸ばせば届く距離にあり、気がつけばもう何十年も見つめてきた言葉だ。

その一つに、ソ連（現ロシア）の女性詩人アンナ・アフマートワのこんな言葉がある。


ある日、群衆の中の誰かが私に気づいた。振り向くと女性が一人、寒さで唇は真っ青、もちろん私の名が呼ばれるのを聞いたことは一度もない。みんな感覚が麻痺しているのに、彼女だけが目覚め、私に小声で（この場で大声を出す者はいない）問いかけた。「あなたなら書けるわね？」

私は答えた。「ええ、私なら」

すると固まっていた彼女の顔に、瞬間、笑みが浮かんで消えた。


そのときアフマートワはレニングラード（現サンクトペテルブルク）のクレスティ監獄前の広場にいた。息子のレフは1年半前に、スターリンの命令でそこに放り込まれた。以来、彼女は毎日ここへ来て、何か知らせがないかと待っている。父や夫、あるいは息子が政治犯として逮捕され、同じように収監されている何百人もの女たちと一緒に。

もう死んでしまったの？　まだ生きているの？　何も知らされない。絶望的だが、あきらめることはできない。同じ境遇に置かれたら、あなたはどうするだろう？

すでに彼女は有名人だったから、まわりの人が気づき、声をかけた。詩人ならペンの力で何かできるかもしれない。かすかな望みだけれど、そう思って。

それが自分だけの思い、自分だけの痛みだったら、アフマートワはあえて書かなかっただろう。しかし他の人たちも、みんな同じ痛みを抱えていた。自分だけじゃない。そう気づいたから、「ええ、私なら」と答えた。そして書いた。

壮絶な悲劇を簡潔な言葉で描写した彼女の筆力、そして彼女の無類の勇気。それが私に新たな気づきをくれた。そうだ、私の書くつまらない文章や私の下すちっぽけな判断も、この世界をもっと生きやすくするためのもっと大きな戦いの一部なのだと。


臨床心理士として、私は日々さまざまな人と向き合っている。たいていは深い悩みを抱えているが、自分の心の痛みを言葉でうまく説明できない人たちだ。代わりに言葉を見つけ、第三者にもわかるように書き、しかるべき判定を下すのが私の役目。結果として、数え切れないほどの人から、誰にも話せないような話を聞く機会に恵まれた。もちろん理解しきれず、もしかすると誤解してしまったこともあるだろう。それでも私は、彼らのまわりにいる人たちと違って、恐がらずに彼らの苦悩を聞く。一緒になってその苦しみを言葉にし、その痛みを受け入れ、時には一緒に沈黙の時間を過ごす。たとえ短い時間でも。

痛みを言葉にできない人に代わって文章を書く。そういうミッションは、私自身の利害とはまったく関係がない。私はただ誰かの声を、誰か別な人に届けるだけ。出会った人に共感し、その人と一体になり、その人の代わりに書く。そう思うと決断も早くなる。大事なのは敵味方の区別をしないこと、これが真実だと言い張らないこと、自分だけが正しいと思いこまないこと。異論を唱える人を排除しないことだ。

自分ではなく、みんな（集団全体）のニーズを優先する。そういう考え方を受け入れたら、次はみんな（集団全体）で意思決定する方法を見つければいい。まず、自分の利害は横に置いて問題を直視し、把握する。そして相手に、こう問いかける。「さあ、このチャレンジに〈私たち〉はどう対処したらいいでしょう？」

これで、今まで〈私〉と〈あなた〉を対立させていた問題が、〈私たち〉で一緒に乗り越えるべき課題に変わる。〈私〉も〈あなた〉も同じ側に立ち、〈私たち〉として一つの課題に取り組もうということだ。お互いに相手の意見に耳を傾け、理解するよう努める。その過程で、運がよければ意外な共通点が見つかるかもしれない。

それでも事態が動かず、対立が解けないようであれば、次はこうだ。「あなたが私の立場だったら、どうされますか？」

これで会話が続き、相手が突っ込んだ質問をしてきたり、同情を示したりするようなら一歩前進。少なくとも、こちらの事情が相手に伝わったことになる。もちろん、相手の提案してくる解決策が満足なものとは限らない。世の中、そう甘くはない。しかし、そこから相手の考え方を探ることはできる。あと一押し。次は一転して話題をそらす。「似たようなチャレンジは以前にもあったでしょう。そのときはどう対処されましたか？」

前代未聞のトラブルなんて、滅多にない。たいていのトラブルには前例があるものだ。相手がそれに気づけば、以前にうまくいった解決策を思い出すかもしれない。そうしたら、こちらも少し歩み寄ればいい。

日本での経験を踏まえて言うなら、意思決定に必要なのは次の3つのステップだ。


その決定が相手に与える影響を考慮する。

「今はまだ決めない」がベストな決定である可能性も考慮する。

その決定を導いた思考や感情がどこから来ているかに気づく。

交渉ごとであれプライベートな人間関係であれ、相手との一体感をもち、相手の立場を受け入れ、利己主義を捨てて意思決定に臨む。そういう態度でいれば、きっとストレスは減り、孤立感や被害者意識も消えるだろう。孤立感やそれに伴う苦悩の影響について調べた心理学者のデビッド・クレスウェルらも述べている。「受け入れや感情制御の訓練を受けた人ほど、社交性が高い」と。

他者を受け入れ、他者の抱える痛みに気づく。それが最適な意思決定への道だ。

14

空気を読む

皇居の森を見下ろすエレガントなホテルの高層階にある隠れ家のようなラウンジで、旧友のシンジは窓際の肘掛け椅子に身を沈めた。11月の下旬、沈みゆく夕日がまぶしい。私も並んで腰を下ろした。

ウェイターが音も立てずにやってきて、冷えたビールを満たした背高グラスを2つ、サイドテーブルに置く。オスカー・ピーターソンのCDが、ごく小さな音でかかっている。耳を澄ますと、ガーシュインの曲とわかった。*"I Was Doing All Right"* だ。

グラスの縁を軽く合わせて、「チアーズ(乾杯)!」。これはまあ、欠かせない儀式。その後、私たちは椅子の背にもたれ、全面ガラス張りの窓越しに沈む夕日を眺めた。まわりに人はいないし、積もる話は山ほどあったが、何も言わずに座っていた。

シンジは著名な食の案内人で、その日も私たちは一緒に食べ歩いた。しかし料理のこと（シェフは誰か、食材はどこから来たか、など）を除けば、ほとんど言葉は交わさなかった。実を言うと、前の晩に評判の創作料理店「傳」を紹介してもらったとき、ちょっとしたトラブルがあった。私がご飯を食べ残したのだ。

「頼むから残さないでくれ。一粒でも残すのはシェフに失礼だ」。シンジは私の耳元でささやいた。「腹がきついのはわかるけど、俺のために食べてくれ。さもないとシェフに会わせる顔がない。なあ、他の西洋人にはこんなこと頼まないよ。でも、あんたならわかるだろ？さ、食ってくれ」

昨日の今日だから、言いたいことは山ほどあった。でも言わなかった。言えなかった。シンジの顔をちらっと見たら、いつもと同じやさしい笑みを浮かべている。丸顔で、髪をオレンジに染めているので『不思議の国のアリス』に出てくる猫みたいだ。

20年ほど前、まだ日本に通い始めて間もないころは、この手の沈黙が苦手だった。何か言わなくちゃ。何か失敗をしたのだろうか。日本で守るべきエチケットを、何か忘れているのだろうか。そう思うと、すごく居心地が悪かった。

でも今は違う。この沈黙こそエチケットだと知っている。

シンジも私も、黙ってその場の雰囲気に浸っていた。すべてを受け入れ、かすかに聞こえてくるオスカー・ピーターソンのピアノに心を預け、だんだん暗くなる空を見つめ、気がつけば二人して自然のリズムにすっかり溶け込んでいた。

20分ほど経っただろうか、不意にシンジが言った。「この時間、ここの眺めは最高だな」

そのとおり。私は黙ってうなずいた。

考えてみると、日本で過ごした時期で強く印象に残っているのは、たいてい誰かと並んで何も言わずに座っていた時間だ。楽しく会話がはずんだ記憶より、沈黙の記憶のほうがずっと深い。沈黙の記憶はどれも新鮮だ。初対面のとき私たちは互いを強く意識するものだが、それとは違う。長い時間をかけて互いを観察し、理解を深めたからこそ成り立つ親密な沈黙だ。

ジロウさんと私は彼の温泉宿のサロンでコーヒーを飲んでいた。冬の寒い日だった。私は朝食を済ませ、温泉にも入り、彼と一緒に出かける準備を整えていた。この旅館に米や卵や醤油、漆器や和紙、箸などを納めている農家や工房の人に会い、話を聞いて、外国人向けのパンフレットにまとめるのが私の仕事。わずか5日の滞在で20人にインタビューしなければならない。もちろん段取りは、すべてジロウさんがつけてくれた。だから私は、コーヒーを飲みながら今日の予定を聞くつもりでいた。

でも、ジロウさんは何も言わない。

出されたのはフランス風の濃いコーヒーで、挽き立ての豆はキューバ産だった。なぜわかるかと言うと、まだジロウさんが来る前に、コーヒーを運んできたバリスタのヒロシが教えてくれたからだ。ヒロシはやたら能弁で、このコーヒー豆について自分の知っていることをすべて話さないと気がすまない感じだった。

でも、途中で私の気配を察したらしく、急に口をつぐんで笑い出した。「あ、ぼく、ちょっとオタクっぽかったですね」

オタクと言うのは、特定の事物や趣味に対する関心が強すぎて、それに熱中するあまり周囲の環境や他者との関係をうまく保てない人のこと。たとえば日本の国産ウイスキーばかり何百本も集めて悦に入っているバーの店主、秋葉原あたりで人気アニメのキャラクターになりきったコスプレ・ギャルに群がる若者たちなどだ。

「いや、ヒロシ、君はオタクじゃない」と私は言ってやった。「ただコーヒーが好きで、好きなコーヒーについて語りたいだけだ」

ヒロシは軽く頭を下げて、言った。「うれしいです、わかっていただけて」

ジロウさんは金縁の上等なメガネをはずし、かすかな金属音を立ててテーブルに置き、両の目を閉じた。しばし沈黙。やがて目を開くと、ジロウさんはささやくように言った。「出かける前に、これだけは言わせてください。この仕事であなたとご一緒できて、本当によかったと思っています」

こういう場合の礼儀作法は私も心得ていた。だから15秒ほど待ち、大きく息を吸ってから答えた。「私みたいな者を信頼していただいて、本当に感謝しています。ベストを尽くしますよ」

「ありがとう」。ジロウさんはそう言って、軽く頭を前に傾けた。

それからまた沈黙があり、やがて使い込んだ革のブリーフケースを取り出した。留め具の上に小さく、彼のイニシャルが金箔で押してある。中から透明な書類フォルダーを取り出し、今日の予定をプリントした紙を私の前と自分の前に置き、取材先の名前と場所、訪問時刻を一つひとつ確認する。

それが終わると、「じゃ、行きましょう」。

私たちは無言で席を立った。取材先で何を聞くか、どんな原稿が欲しいのか、どんなパンフレットに仕立てたいのか。そんな話は一切なし。事前に何度か交わした電子メールにも詳しい話はなかった。が、それでも私には理解できた。彼の仕草と、彼が示してくれた信頼だけで十分だった。共通の理解があると確信できた。

これが「空気を読む」ということだ。相手の考えていることや気持ちを、言葉を使わずに感じ取り、受け入れる日本人の術だ。

沈黙の効用は私的な人間関係にとどまらない。たとえば民事訴訟。日本の人はあまり訴訟に頼らない。そもそも民事の裁判官は原告・被告の双方に、こんなことは法廷に持ち込まずに解決しなさいと説教するのが常だ。当事者どうしで解決できないことの責めは双方にあると言わんばかり。こういう説教は、やたら訴訟を乱発するアメリカ人にこそしてほしい(ちなみにアメリカはドイツ、スウェーデン、イスラエル、オーストリアに次ぐ世界第5位の訴訟大国だ)(＊25)。

一般論として、西洋の国々は紛争解決が苦手で、すぐ力に頼りたがる。しかし日本には巧みな紛争回避の方法がある。よく観察して相手の立場や視点を見抜き、相手の立場で事態を見つめなおし、相手の主張にも少しは理解を示し、相手の本音を探るのだ。そうすれば、少なくともこちら側の怒りはおさまり、ストレスも減る。そうしたら一歩引いてやればいい。相手も歩み寄り、互いに納得できる解決策が見つかるかもしれない。日本の人は昔から、こういう紛争回避の術を日々の暮らしに活かしており、そこに目をつけた新しいビジネスも生まれている(*26)。

もちろん、争いの回避が常に正しい選択とは限らない。しかし回避という選択肢があることを知っておくのは大事だ。非常時にはガラスを割って逃げる――のが正しい選択とは限らない。

こうした日本の紛争解決(あるいは回避)術を、日本人の心性に照らして詳しく説明しているのが山久瀬洋二の『日本人のこころ』だ。この本によると、日本人はごく限られた数の言葉で互いに理解し合える。そして争いを避け、相手への気配りを忘れず、相互協力の土台を築く。それが日本人のやり方だという。

西洋流とは違うが、このやり方なら誰も傷つかず、誰もが受け入れられる集団をつくれるかもしれない。時間をかけて、集団にとって何がベストかを考え抜けば、その場に漂う不穏な緊張をほぐす方策が見つかるだろう。

山久瀬は同書で「少し間を置いて」という言葉も紹介している。議論を進める前に、ちょっと一休みしましょうという意味だ。ごく短い日常的な会話でも、日本の人はお茶を入れたりして絶妙な間合い（沈黙の時間）を取る。しかも、この沈黙を通じて「気（目に見えないエネルギー）」が流れ、言葉に頼らなくてもメッセージが伝わり、互いの気持ちが通じ合うという。「マンガや映画の話みたいに聞こえるかもしれないが」と山久瀬は書いている。「言葉を使わなくても思いは伝わると、日本の人は思っている」

私は東京にある山久瀬の仕事場を訪ねた。彼もまた、素敵にシャイであると同時に雄弁な男だった。聞き上手で、アシスタントが小さなトレイに乗せて運んできた一杯のお茶をすすりながら、黙って私の心を読み取ってしまう。

12月初めの寒い日だった。人と人、東洋と西洋の対話で生じる複雑な化学反応について、私たちは話し合った。山久瀬はコンサルタントで、日本や欧米の企業に交渉の進め方を指南している。どうすれば相手の文化に合わせられるか、どうすれば日本人も欧米社会で自分を表現できるか、どうすれば西洋人は日本で理解してもらえるか……。

話は盛り上がったが、一番貴重だったのは「少し間を置いて」お茶をすする沈黙の時間だった。おかげで、初対面なのに互いの家族の話までできた。ささやかながらも互いにアクセプト（受け入れ）できた証拠だと、私は思う。

15 幸せ、ですか？

アメリカでは、個人の幸福は当然の権利とされている。嘘だと思うなら1776年の独立宣言を読んでみればいい。

われらは以下の事実を自明のことと信ずる。すなわちすべての人は生まれながらに平等であり、創造主によってしかるべき不可侵の権利を与えられている。これには生存、自由、そして幸福の追求(の権利)が含まれる。……

だからこそ、こんなにも多くの人がアメリカに来たがる。幸福の追求を「不可侵の権利」

として掲げて誕生した国は、この世界にそう多くない。

この宣言を書いた男たち（女性は一人も含まれていない）は、自分たちが幸福を追求する権利は「不可侵」だと信じていた。この権利は絶対に譲れないと誓っていた。ただし奴隷や女性たちの不幸は気にも留めていなかった。まったく無関心だった。

あなたがアメリカ人なら、ここで考えてみてほしい。もしもこの「不可侵の権利」が白人男性だけのものでなく、真に万人のものであったなら、建国の父たちはもっと満足しただろうか。そうだとしたら、アメリカはどんな国になっていたか？

今は各種の心理療法があり、筆者のようなカウンセラーもいれば自己啓発のセミナーもあり、ヨガや瞑想のワークショップは大盛況。それでも２５０年前と同様、私たちは今もせっせと幸せを追いかけている。つまり、まだ幸せをつかんでいない。いろんなアプローチを試しているのに、なぜか幸せを実感できない。

こういうことではないだろうか。ヨガの教室で心と体のバランスを取り戻し、晴れやかな気持ちでハンドルを握ったままではいいけれど、赤信号で止まった途端に幸せ感が消えてしまった。なぜか急に悲しくなり、不安に襲われ、うろたえ、むなしく、居心地が悪く、無力感さえおぼえる。もしかして、窓越しに見える人影のせいか？

歩道には女性が一人。手にした段ボール板にはこう書いてある。「食べるものも家もない。

でも悪いことは何もしてない。どうか助けて！」
それでも信号が青になれば、あなたはアクセルを踏む。

自分だけでは幸せになれない。幸せでいるためには、他者の命と暮らしへの気づきが欠かせない。あなたの属するコミュニティが活気にあふれ、よく守られていたら、あなたもその幸福感に包まれ、あなた自身の幸せも長続きするのではないか。

他者の存在に気づき、彼らが自分よりも弱い立場にいることを認める。それが「受け入れる」ということだ。それは自分の幸福追求の権利と相容れない――だろうか？　いや、違う。他者を受け入れ、他者の身になって不幸を感じてこそ、みんなで幸せになろうという意欲が湧いてくる。

個人のアイデンティティも、自分だけでは築けない。まわりに他の人がいて、みんながどう生きているかで決まるものだ。独立宣言や合衆国憲法の起草者たちが、もしも自分たちのもたらし、承認し、利用している不平等や差別に気づき、その結果として奴隷や女性が不幸になったことの責任を受け入れていたら、幸福追求の権利を白人男性だけで独占しようとは思わなかっただろう。

あいにく、今の私たちも気づいていないようだ。責任を引き受けてもいない。でも宮沢賢治の『雨ニモマケズ』を読み返せばわかる。どこかで誰かが苦しんでいるかぎり、私たちも幸せにはなれないのだ。

ＷＨＯ（世界保健機関）によれば、日本で「うつ病」と診断される人は総人口の7ないし10％だ。単純な比較はできないが、アメリカ（19・2％）のざっと半分。この違いの背景には、おそらく日本独特の人生観がある。

明治維新で西洋的な「私」の概念が持ち込まれるまで、日本には「私ら」、つまり「特定集団の中の私」しかいなかった。そこには「受け入れる」の精神も関係しているのだろうが、とにかく西洋的な制度が導入される以前の日本では、個人（私）は集団（私ら）によって定義されるものだった。

だから当時の人は、集団または自然の中で、自分に与えられた場所を受け入れることにした。そうすれば人生の目的は何かなどと、あれこれ迷わずに済む。目的は「集団」によって定められ、与えられるものだった。その「集団」を支配するのはご先祖様かもしれないし、父親かもしれない。夫かもしれない。地域社会や雇用主かもしれない。いずれにせよ、自分が誰であるかを決めるのは自分以外の存在だ。このシステムがうまく機能していれば、人は集団に受け入れられ、しかるべき居場所を得ることができる。

ただし問題は、どんな集団が人の居場所を決めるのかだ。日本では昔から、男性主導の集団が幅を利かせている。今でもそうだ。日本では企業の要職に占める女性の割合が極端に低い。日本の男性は家事の責任を分担したがらない。日本の医大は入学試験で女性を差別していた。日本企業は既婚女性や子どものいる女性を雇いたがらない。そんなニュースが、世界中で面白おかしく報じられている。日本は、もっと変わらねばならない。人種や民族、性別を問わない個人の権利について、まだ西洋から学ぶものがあると思う。

「ボーイズ・ビー・アンビシャス(少年よ、大志を抱け)」という有名な言葉がある。1876年に札幌農学校(現北海道大学)を開いたアメリカ人ウィリアム・クラークが遺した言葉だ(時代が時代だから「ガールズ」は無視されている)。日本人なら誰でも知っているし、歌謡曲の題名にもなり、同名のマンガもできた。

ここで注意したいのは、「大志を抱く=自分の個性を主張する」という概念が明治時代に、外国人によってもたらされたという事実だ。戦後の日本国憲法にも外国由来の概念が散りばめられている。基本的人権に関する条文の原案を書いたのは、アメリカ女性のベアテ・シロタ・ゴードンとエレノア・ハドリーだ。憲法14条（すべて国民は、法の下に平等であって、人種、信条、性別、社会的身分又は門地により、政治的、経済的又は社会的関係において、差別されない）と24条（婚姻は、両性の合意のみに基いて成立し、夫婦が同等の権利を有することを基本として、相互の協力により、維持されなければならない／配偶者の選択、財産権、相続、住居の選定、離婚並びに婚姻及び家族に関するその他の事項に関しては、法律は、個人の尊厳と両性の本質的平等に立脚して、制定されなければならない）は、彼女たちから日本人へのプレゼントだ。

もしも日本の人がこの本を読んでくれるなら、私は言いたい。みんな、古い男社会の同調圧力に負けるなよ！

日本にいたころは、現地の友人・知人からよく愚痴を聞かされた。集団の規範や理念に対する同調圧力が強くて、合わせるのが大変だ、自分の信念や趣味にはそぐわなくても、合わせないと爪弾《つまはじ》きにされ、冷や飯を食わされる、等々。

アメリカでは違う。みんな自分の幸せだけを考えている。もちろん、自分の幸せを追求するのは悪くない。ヨガや瞑想で日々のストレスを解消するのもいいだろう。しかし、それだけではいけない。他人のニーズに関する理解や認識を欠いていたら、世の中の不幸の根っこを断ち切ることはできない。「悪いことは何もしてない」のに「助けて！」と訴え続けるホームレスの人は減らない。

瞑想教室や心理療法にお金を使うのもいいが、大事なのは、幸福の追求よりも心の平穏を取り戻すことだ。心の平穏はありのままの自分を、自然や社会における自分の居場所を受け入れることから生まれる。受け入れたら、信号待ちのとき急に悲しくなった原因を考え、それを取り除くためにできることをしよう。

今はアメリカにも、アクセプタンス（受け入れ）を看板に掲げる心理療法がある。アクセプタンス＆コミットメント・セラピー（略してＡＣＴ）だ。ちなみに、ここでの「コミットメント」は「責任ある行動」くらいの意。詳しくは知らないが、不安や抑うつ、ストレスや、いわゆる「燃え尽き症候群」の治療にも有効とされる。

そもそも、人がストレスで押しつぶされそうになり、「燃え尽き」てしまう原因はどこにあるのか。

自分だけでは幸せになれないのと同じで、ストレスも自分一人で生み出すものではないし、自分だけで抱え込むものでもない。かつての日本が封建制を捨てて近代国家に変身したように、今のアメリカも社会の仕組みを変え、個人主義が火花を散らすような人間関係を少しでも変える工夫をすれば、きっとみんなが生きやすくなる。19世紀後半という時代は日本に、個人重視の価値観とそれにもとづく諸制度の導入を迫った。おかげで日本は世界に伍する大国となり、誰もが意思決定に参加できる社会への道も開かれた。21世紀の今は西洋社会が変わる番だ。他者のアクセプタンス（受け入れ）を重視し、ストレスの元凶となる個人中心のシステムや制度を変えていく道を見つけなければいけない。

目指すのは（自分のではなく）みんなの幸せだ。まずは私たちの助けを必要としている誰かの存在に気づき、その人たちの幸せに必要と思われる具体的な決断をし、それを行動に移す。しかしストレスを抱えたままだと、まともな決定はできない。考える前に体や口が動いてしまい、取り返しのつかない事態を招きやすい。そういう行動・言動が他の人に、ひいては自分の属する集団全体に及ぼす影響にも、たぶん気づかない。そうなると事態は悪化するばかりだ。難しい状況が危機的状況になり、非常事態に発展しかねない。

怒りをぶちまければ、当座の議論には勝てるかもしれない。でも、それだと相手との間にしこりが残り、こちら側にもストレスが残る。そして残ったストレスは、新たな争いの種となり、やがて火を噴く。

でも心の平穏があれば、私たちは選べる。すぐ動くか、ちょっと待つかを選べる。

西洋社会も実は異質な国の集まりで、けっこう多様性に富んでいる（もともと白人キリスト教徒だけの社会ではない）。そこに「受け入れる」の精神が加われば、人生に新しい意味が生まれる。個人主義を礼賛し、ひたすら個人の幸せを追求するのもいいが、自分がさまざまな集団に属している事実にも気づいてほしい。日本の人が西洋の流儀を採り入れて変身したように、西洋の人も日本の流儀から何かを学べばいい。日本流と西洋流、そのどちらか一方を選ぶ必要はない。どちらもベストではないし、完璧でもない。しかし、こちらに欠けているものを採り入れ、無益な争いを避けるようにすれば、私たちもいい方向に変わっていける。

アメリカ人の「うつ病」率19・2％という数字は大きすぎる。個人の幸福を追い求めてきた結果が、これなのか？　そうだとすれば、どこかが間違っている。

信号待ちの車内から、ちらっと見えたホームレス女性の姿を思い出そう。誰かが苦しんでいたら、私たち自身の幸せ感も吹き飛んでしまう。もともと人類は共感の種族だ。長い進化の歴史を通じて、互いをケアし、互いを受け入れる遺伝子を磨き、受け継いできた。だから、どこかに苦しむ人がいれば私たち自身も苦しくなる。

16 アクセプタンス再考

ああ日本に行きたい、そしてこんなストレスを吹っ飛ばしたい。そう思った日のことは今もはっきり覚えている。まだ中学生だったが、初めて黒澤明の映画『羅生門』を見た。モノクロの映画で、当時は私の日常も白か黒かだった。

両親の言うことは、完全な間違いか１００％正しいかのどちらか。一つの問題に答えは一つだけ。複数の答えがありそうに見えても、ベストな答えは一つであり、それ以外の答えはどれも無意味。そんな世界に私はいた。

そこに『羅生門』の世界が来た。夏休みの、土曜の晩だった。テレビでは毎週、名作映画を特集していた。『突然炎のごとく』『大人は判ってくれない』『処女の泉』『戦艦ポチョムキン』……。ヨーロッパの映画ばかりだったが、そこに『羅生門』が来た。

三船敏郎演じる多襄丸《たじょうまる》は極悪人の盗賊。すでに捕らえられ、裸同然で縛られているのに、悠然と役人たちを笑い飛ばし、怒り、食ってかかる。パワー全開で、反省のかけらも見せない。

おお、男のなかの男！

多襄丸には人殺しの容疑がかかっていて、まず死罪は免れない。だがそんなことには無頓着で、堂々と自分の意見を述べ立てる。運命など知ったことか。実にふてぶてしい。

登場人物は少ない。他には死んだ武士（この人は霊媒の口を借りて証言する）、その妻、旅の法師、下人《げにん》、裁きを下す役人、そして杣《そま》売りの男。武士の妻は多襄丸に強姦されたという。だが真実なのか？　何があったのか？　武士は自害したのか、それとも多襄丸に殺されたのか？　当事者三人と目撃者がそれぞれの証言をするのだが、どの話も食い違い、真相は見えてこない。

私が理解したのは、誰の話にもそれなりの真実が含まれるということ。有罪を宣告するに足る真実ではなく、全員が納得できる真実でもないが、それなりの真実ではある。それは大きな真実の一部であり、誰もが自分にとっての真実を語っているが、他の人の真実とは一致しない。しかしどの話にも説得力があり、一定の真実が含まれるように思えた。

当時の私にとって、それは衝撃の発見だった。中学生の頭で作品の深い意味をどこまで理解できたかと言われれば、自信はない。だが言葉にできない何かの気づきがあったのは事実。あの映画を観る前と後では、まるで世界が違って見えた。

そうだ、自分の感じ方や考え方はたいてい親の感じ方・考え方と正反対だけれど、それでいいんだ。あの映画は、そう教えてくれた。それで私は本当の自分になれた。

それまでは母と父が何でも決めていた。ここで笑え、ここで泣けと言われた。親の操り人形だった。親に言われなければ、自分が誰なのかも、何を感じているのかも、わからなかった。でも『羅生門』に出会って、自分なりの見方ができることに気づいた。当時の私にとって、それは天の啓示に等しかった。

盗賊・多襄丸の証言は、けっしてほめられたものではない。しょせん彼は悪党だ。しかし彼の証言には真実味があり、そうだったかもしれないと思わせる迫力がある。彼の語りに乗せて、その場面が「再現」されるのだが、これがまた実にリアルで、すごく説得力があった。

あれから何十年もたった今にして思えば、思春期の坊やの解釈はひどく幼稚なものに思える。えっ、『羅生門』がアイデンティティ探しの物語だって？　本気かよ……。

しかし当時の私は本気だった。本気で確信できた。わが家で起きるいろいろなことについて、親の理解と私の理解は異なっていいのだと。自分探しの旅の出発点としては、それで十分だった。

勝手な解釈かもしれないが、ともかく私は『羅生門』で最初の一歩を踏み出した。

厳しいを通り越し、ほとんど虐待に近い態度でわが子に接する親がいる。そういう家庭で育った子は、往々にして頭のなかで適当な話を作りあげ、親の態度を正当化する。そうしないと秩序（親子の関係）を保てず、生きていけないからだ。

それだけではない。しばらくすると家族全員が「虐待慣れ」をしてしまう。それが当たり前の日常になり、いわば小さなカルト集団となって、外部の人を寄せつけなくなる。

親の暴力には適当な言い訳が用意され、学校の先生や近所の人が口をはさめば反発され、警戒される。そうして家族だけに通用する架空のストーリーができあがり、家族みんながそれをシェアし、強いが排他的な絆で結ばれる。そのストーリーは家族全員のアイデンティティに取り込まれる。そして、このカルト集団（家族）を離れたら自分のアイデンティティが失われると思いこむ。だから恐くて抜けられない。

こういう閉鎖的な結束の強い家庭で育った人は、進学や就職、結婚などで家族から離れて暮らすことになったとき、自分の選択は正しいのかという疑念や、家族を裏切ったという罪悪感を抱きやすい。価値観をシェアできる人を失った寂しさに、自分は家族を捨てたのかという罪の意識が加わる。そのせいで、自分が結婚したとき、新しい家庭に虐待の風土を持ち込んでしまう人も少なくない。

そして幸運にも虐待にあうことなく大人になった人たち。あなた方も、今は虐待経験者の話を聞くことができる。彼らと接する機会もあるだろう。彼らが思いを託した歌を聴き、彼らのパフォーマンスを見る機会もある。彼らの本を読むこともできる。そうすれば間接的にでも、虐待的な環境に生きることの意味を追体験できる。

そこで問われるのが共感の力、人間関係を築く力だ。そして肝に銘じよう。人は自分ひとりで生きているのではないのだと。

子どものころ、親から何度も聞かされた言葉がある。いろんな家庭があるから、きっと親の説教もさまざまだろう。でも、わが家ではこうだった。

「よその家族がうちほどケンカしないのは、お互いの愛情がうすいからだ」

「私の気持ちを口に出して言わなければ、おまえにはわかりっこない」

「この週末はこうやって楽しもうと決めていたのに、おまえは私を失望させた」

「うちの息子はいつか戻ってくると信じてるよ。でも私が死んでからじゃ遅いんだ」

重圧というか、過剰な期待というか。ともかくそんな日々だった。それで『羅生門』を観た数週間後、私は思いきって町へ出て、大きな本屋に行き、日本の作家の小説を買い込んだ。何の予備知識もないから、著者名で見当をつけた。そして短い、だいたい200ページ以下の本を選んだ。当時の私のつたない理解力と短い集中力では、長い本を読み通せるとは思えなかったから。

あのころの私は毎日にうんざりしていた。すぐに怒鳴られ、頭ごなしにダメだと言われる。恐くて、恐いのに慣らされて、恐さも感じなくなっていた。他の子もきっと同じなんだと思っていた。

うちの親が特別だなんて、気づくはずもなかった。私はよその家を知らなかったし、うちの母と父のやり方以外に愛情表現のしかたがあるとも知らなかった。

それで、最初に読んだのは川端康成の『雪国』だった。「国境の長いトンネルを抜けると雪国であった」で始まる有名な小説。それから同じ川端の『千羽鶴』。そのペーパーバックは今も私の手元にあり、こんな箇所にアンダーラインを引いてある。

赤い夕日はちょうど森の梢をかすめて流れるように見えた。
森は夕焼空に黒く浮き出ていた。
梢を流れる夕日も、つかれた目にしみて、菊治は瞳をふさいだ。
目のなかに残る夕焼空を、稲村令嬢の風呂敷の白い千羽鶴が飛んでいるかのように、
その時ふと思ったものだ。

それから三島由紀夫の『午後の曳航』と『真夏の死』。そして谷崎潤一郎の『蓼食う虫』。これはまあ悲しい不倫の物語だが、当時14歳の私はこんな一文に線を引っ張っていた。もちろん英訳なので原文とは違うかもしれないが、こんな警句だ。「子どもには気をつけろ。いずれ彼らも大人になる」(訳注：原文は「だから子供は油断がならない、いずれ大人になる時があるんだから」)

その後もずっと日本に行きたいと思っていたが、日本についての本や日本映画に触れる機会はあまりなかった。まだアメリカ人が日本に目を向け、何かを学ぼうとする時代ではなかった。まだ「メイド・イン・ジャパン」は安物の代名詞だった。日本という語からアメリカ人が連想するのはパールハーバー(真珠湾)、ゲイシャ、ヒロシマ、スモウ、そしてサムライくらい。寿司は(ごく一部の高級店と日系人の家庭を除けば)まだアメリカに上陸していなかった。

ラーメンもなく、あるのはロッキー青木の「ベニハナ」だけだった。

2003年、ついに日本を訪れる機会が来た。出発に先立って、私は片っ端から知り合いに電話して、日本に行ったことがあるか、日本で頼れる人はいるかと聞いてまわった。まだスマホのない時代、人脈がすべてだった。そうして最初に紹介されたのが、ユウコとシンジだ。11月の寒い日で、雲が垂れ込めていた。代々木公園では小雨が降ってきた。私たちは川べりを散策し、誰かのアトリエを改築した施設を訪れ、私は初めて焼酎を飲んだ。どこだったかは覚えていない。そこでタクシーを拾い、その後は古書店をのぞいたりした。どこへ行くのも、たいていは三人一緒だった。まだ友人とは言えなかっただろうが、そこには私にとって新鮮な、アメリカで知っていたのとは別な親密さがあったように思う。一対の箸をあやつる彼女の手の動き。麦茶を飲み干す彼の仕草。どれも新鮮だった。

二人とも英語は達者だったが、たいていの場合、言葉は必要なかった。これもまた、私にとっては初めての経験だった。最初のうち、身ぶりで座る場所を示したり、何かを頼んだりするのは不自然で不思議に思えた。でも、そのうち沈黙のほうが楽になった。言葉を発しなくても理解されるのが心地よかった。彼らも、あえて自分たちの気持ちを言葉にしなかった。その必要はなかった。互いに、互いを受け入れていたから。

あれが最初の「受け入れる」体験だった。以来、28回も日本を訪れた。日本人の家庭にもお邪魔した。学校にも、神社仏閣にも行った。ジャズクラブにもナイトクラブにも、喫茶店にも温泉にも、森や山、海や川、オフィスやアパート、工場や農園にも行った。いろんな会議にも出席した。

私は日本で働くことになり、日本でスピーチしたり、日本について書いたりするようになった。西洋と日本、両方の会社やメディアのために働いた。

淡路島にある旅館のオーナーは、私を地元の神社に連れて行き、お祓いを受けさせてくれた。本当に身を清められた感じがした。

ある友人は、茶色いラブラドル・レトリーバーの愛犬（「チョコレート」という名だった）を私に委ね、かつて芭蕉が句を詠んだという川沿いを散歩させてくれた。

新潟では、「寿司は21世紀のピザになれるか」というテーマでスピーチした。

静岡では、お茶をすすりながら農家の人の話を聞いた。茶畑の維持は大変だから、次の世代が引き継いでくれるかどうか心配だと話していた。

九州の南に浮かぶ屋久島には妻と一緒に行き、古代杉の森を汗だくで歩いた。ああここが宮崎駿監督の『もののけ姫』の舞台かと思うと、胸がいっぱいになった。

行く先々で、かけがえのない思い出ができた。地元の人たちが自然に溶け込もうとし、そのなかで自分の居場所を見つけようとする姿勢。言葉を交わすまでもなく、気持ちで互いを受け入れる生き方。そういうものを、私は今も忘れない。

もちろん、私が訪れた日本は『羅生門』の日本ではなかった。当然だ。今の日本に『羅生門』の世界を期待するのは、今のメキシコでハンフリー・ボガート主演の冒険映画『黄金』の世界を期待するのと同じくらい時代錯誤だ。どちらも第二次世界大戦の終結から間もない時期の作品（『黄金』は1948年、『羅生門』は1950年）で、否応なく同じような問題意識を共有していた。つまり、こうだ。

人として生きるとはどういうことか？
悲惨な状況にあっても人間らしく生きるにはどうしたらいいか？
私たちはなぜ身勝手な欲望に突き動かされるのか？

そう、私は日本の芸術に感動し、日本の文化と自然の尊重を受け入れてきたが、それがだんだんと崩れ、なんだか住みにくい社会に変わっていくのも見てきた。集団の同調圧力は、ひとつ間違えば個人の創造性をつぶし、圧し殺す。肩書きや社会的な権威を欠く人は集団のなかで片隅に追いやられる。「受け入れる」の精神も、時には人を既存の制度やシステムに服従させる方便として使われる。

考えてみると、それは家庭内の力関係に似ている。家族（とりわけ母親と子ども）の関係は、運がよければ言葉を必要としない親密な関係の手本となりうるが、悪くすれば子どもたちの夢や希望を容赦なく踏みにじる装置ともなる。

同じ「受け入れる」の精神から、どうしてこんなにも対照的な結果が生じるのだろう。

私の父は十代の時期を、ニューヨーク市内にある里親の家で過ごした。自分の両親や兄や姉の運命を知ったのは、ずっと後のことだ。

何も知らされずに過ごした長い年月の沈黙に、父がどう耐えたのかは知る由もない。一言も聞けない状況に、孤独な少年はどうやって耐えたのか？

19歳になって初めて、父は知った。両親と姉が殺されたこと、そして兄がどうにか生き延びたことを。

父も希望は持っていたと思う。まだ若かった。疑いもあったと思う。希望と疑いの重さに、父は押しつぶされた。そして、わからなくなった。

かけがえのない家族。その運命を、父は何語で憂えたのだろう？　英語でか、ドイツ語でか？　みんなどこにいるのか、生きているなら何をしているのか、とっくに死んでいるのか、どうやって死んだのか。

父は適当な話をでっち上げ、家族から手紙が来たと言っていた。しかし、そのころには両親も姉も、とっくにこの世にいなかった。でも、その矛盾を私が指摘するわけにはいかない。沈黙あるのみ。父の胸のなかにあること、それがすべてだ。あとは「空気を読む」しかない。父が自ら沈黙を破るのを待つしかなかった。

うちの親はドイツ系のユダヤ人で、先祖代々バイエルン地方に住み、食肉販売や旅館業、繊維製品の商いなどをしていた。私の祖父は第一次世界大戦にドイツ兵として参加し、フランスとの戦いで負傷した退役軍人だった。調べればすぐにわかることだが、私の子ども時代に家で、父がこういう話をすることはなかった。

日本人が打たれ強く、「受け入れる」の伝統を守っているのも、今なお残る戦争のトラウマゆえなのだろうか。それゆえに私は、日本に不思議な親近感を抱くのだろうか。

私にはわからない。でもこれだけは言える。

これは個人の幸せの問題ではない。大切なのは不幸や失望を受け入れて生き、それでもまわりの人を助けること。いくら必死に幸福を追い求めても、誰かを失えば幸せは逃げていくと気づくこと。そして喪失を「受け入れる」ことだ。いくら強がっても、失われたものは戻らない。

幸せって何だろう？　自分だけでなく、みんなが幸せになることじゃないか？

【注】

＊1 香港中文大学の人類学者ゴードン・マシューズは著書『何が人生を価値あるものとするか――日本人とアメリカ人の生きがいについて』で、「生きがい」を一体感と自己実現と定義している。そこにあるのは、自己実現は他者とのポジティブな経験を通じて得られるという考え方だ。

また「生きがい」の語を有名にしたのはエクトル・ガルシアとフランセスク・ミラージェスの共著『外国人が見つけた長寿ニッポン幸せの秘密』だが、ジャパンタイムズに載った同書の書評は「生きがい」を「目標をもって生きることが幸福へのカギだとする考え方」と説明した上で、こう書く。「生きがいと長寿の間には因果関係があるのだろうか。そんな疑問を抱いた著者らは、長寿村として有名な大宜味村（沖縄県）の住民に面接調査を実施した。そして本書では、生きがいこそ『日本人の長寿と幸福の秘訣』だと論じている。（しかし）その主張は性急すぎる。著者らは生きがいと長寿の関係を説得力のある形で証明しておらず、食生活と運動の効用に関する陳腐な説をつなぎ合わせ、そこに百歳超の古老の話や心理療法の議論を継ぎ足したにすぎず、単なる相関を因果関係と取り違えている」。同様に「生きがい」を称揚した本はたくさんあるが、勘違いもはなはだしい。

＊2 マシューズは著書『何が人生を価値あるものとするか』で、社会的つながりを通じて共感の精神を育てるうえで「集団生活」が果たす重要な役割について述べている。その記述はトーマス・ローレンの古典的名著『日本の高校』に依拠するところが大で、こう書かれている。「成長サイクルを注意深く見れば、幼稚園に始まって社会人としての第一歩を踏み出すまで、すべての段階で同じ社会的ルーティン、同じ社会的レッスンが繰り返されていることに気づく。家庭における役割分担からドレスコード、集会での発言順など、共有されるべきすべてが各段階で繰り返し学習される……強調されるのはみんなと同じように行動することであり、それを集団

生活のモラルとして受け入れることだ」

＊3　ニューヨークの有名和食店「NOBU」で出すのは新潟の、それも佐渡島の酒だけだ。こんなことを書くと宣伝めいて聞こえるだろうが、とんでもない。息子の18歳の誕生日にNOBUで盃を交わしたときも、ちゃんと正規の料金を払っている。

＊4　ロラン・バルトは日本社会について論じた著書『表徴の帝国』で、言葉の意味は固定されておらず、むしろ流動的であるがゆえにテキストに深みを与えると述べている。だから日本語を真に理解するには、文法の知識だけでなく解釈のプロセスが必要になる。ちなみに日本では交渉事に際し、契約の中身よりも互いの信頼関係が重視されやすい。中身はどうにでも解釈できるが、人間関係は二つに一つ（信用されるか、されないか）。関係は文言よりも重いのだ。

＊5　キヨミさんはマイルス・デイビスの大ファンで、とくに *"Someday My Prince Will Come"* のレコードがお気に入りだ。

＊6　日本の学校には「お掃除」の時間があり、生徒たちがみんなで教室や廊下をきれいにする。西洋人には信じがたい光景だが、おかげで校内にはゴミひとつ落ちていない。しかし学習障害のある児童への配慮や、差別・偏見を防ぐインクルーシブ（分け隔てのない）学習のプログラムはないに等しい。

＊7　日本に長く暮らし、俳句から源氏物語までの日本文学を世界に紹介し、ついには日本国籍を取得した故ドナル

ド・キーンによれば、この美学を体験するには「日本によくある畳敷きの部屋で、障子があり、床の間には水墨画の掛け軸と花が飾られていて、外にある控え目な庭も部屋の一部となっている」ような空間に身を置くことが一番だ。

＊8　ただし集団の尊重も行きすぎれば深刻な問題となる。日本の現状がそうで、人は悲しみを表すことさえままならない。悲しみは他者に、ひいては集団全体に伝わり、みんなの気分を暗くする。だから悲しみの表明はよくないと考えてしまうのだ。この国では心理療法やカウンセリングを受けられる機会も少ない。また自分のアイデンティティを殺してでも集団の思考方法に従えというプレッシャーもある。

＊9　ただしこれは近年の傾向にすぎない。日本の女性が給料のいい職や指導的な地位に就ける機会は少なく、たいていは「仕事か子育てか」の選択を迫られるし、そもそもパートタイムや短期の雇用が多い。女性の権利に関して日本は先進国に程遠い。世の中を動かしているのは男たちで、男たちがその排他的な特権を捨てる気配はない。まあ、どこの国の男も似たようなものだが。

＊10　ＯＥＣＤ（経済協力開発機構）の２０１５年のデータによると、上位10％の富裕層と下位10％の貧困層の平均所得の比率は、日本が10・7倍（２００９年）だがアメリカでは18・8倍（２０１３年）にもなる。

＊11　緑茶に含まれるカフェイン量は種類やいれ方によって異なる。アメリカで売られているのは一般にカフェインが少なく、日本で飲まれている緑茶の四分の一くらいだ。

＊12 日本情報サイトのニッポンドットコム（nippon.com）によると、「2015年の国勢調査によれば日本で農業を生業とする人の平均年齢は過去10年で7・2歳上昇し、67歳となった。……農民の高齢化と、それに伴う労働力不足は深刻だ。そのせいで、いわゆる耕作放棄地が日本中で増えており、農業衰退の懸念が高まっている」。それでもお茶の栽培農家が生き残れるのは政府の補助金のおかげだ。先進諸国の常として、農業は政府の補助金に多くを依存している、補助金の多くは政治力の強い稲作農家に流れるが、そのおこぼれでお茶の農家も生き残れる。全国の農家をたばねる農協は与党の有力な支持団体で、安い輸入農産物に高率関税を課すよう求めている。残念だが、先進国の農業は補助金なしでは成り立たない。

＊13 日本のバーで供される一杯に含まれるアルコールは、たいてい1オンス程度。アメリカの2〜3オンスとはかなり違う。理由はいろいろあるが、どうやら日本人の2人に1人はアルコール分解酵素が足りず、酒に弱いらしい。だからすぐに顔が赤くなり、眠くなったり酔っ払ったりする。

＊14 ただし残りの半数（つまり女性）にとっては危険がいっぱいだ。通勤電車や地下鉄車内でのセクハラ（つまり痴漢）は日常的だ。その証拠に、東京の地下鉄は朝夕のラッシュアワーに「女性専用車両」を用意している。また2019年5月23日付のジャパンタイムズ紙によれば、今はスマホ用の痴漢撃退アプリがあり、タップすると大音量で「痴漢はやめて!」というメッセージが流れたりするらしい。日本の社会を理想化するのは禁物だ。プライバシーや安全はおおむね尊重されているが、それは男性の場合に限る。女性や外国人、性的少数者に対するポジティブな価値観を育て、広めるには、まだやるべきことがたくさんある。平等の価値観はあり、そういう法律もあるが、男たちはそれを守らない。守らなくても、罰されない。そんな法律は意味がない。日本の男たちは、まず女性を自分たちのグループに「受け入れる」必要がある。自分たちと異なる他者を受け入れな

い社会は不幸だ。

＊15　ＯＥＣＤ（経済協力開発機構）のＷＥＢサイトには「国内総生産（ＧＤＰ）は、ある国で財・サービスの生産を通じて一定期間内に生み出された付加価値を測定する標準的な尺度です。したがって、その生産で得られた所得を測定すると同時に、最終財・サービスに対する支出総額（輸出を差し引く）を測定するものでもあります。ＧＤＰは経済活動を把握するための最も重要な尺度ですが、人々の物質的幸福度を測定するのに適しているとは言えず、それにはもっとふさわしい尺度があると考えられます」。と記されている。

＊16　イタリア半島南部にあった古代ギリシアの植民都市シバリス（シュバリス）は、そんな歓楽地として知られた。その名を借りた「シバリティック」という会社がアメリカのミネソタ州（別名「1万の湖の地」）にある。エステ器具の販売会社で、そこのウェブサイトを見ていたら「水と一体になれる」浴槽というのがあった。家庭用の特製ジェットバスみたいなもので、妻へのプレゼントに最適かと思ったが、2万3995ドルという値札を見てあきらめた。

＊17　例外が一つ。タトゥー（入れ墨）だ。日本では昔から、入れ墨はヤクザ（反社会的集団の構成員）の証とされてきたので、たいていの旅館や共同浴場は「入れ墨のある方」の利用を制限しており、西洋人のタトゥーも同様に扱われる。ただし小さなタトゥーなら、絆創膏などで隠せばＯＫだ。

＊18　一般論として、日本では沈黙が信頼の証となり、敬意の表明ともなる。外の世界、あるいは自分の内なる世界の声に耳を傾け、観察し、学ぶにも沈黙が役立つ。しかし沈黙は、ときに恐怖や畏怖、恥辱、悲哀、敗北のサ

インともなる。つまり沈黙は全能ではない。前にも述べたとおり、大事なのは日本文化の「いいとこ取り」に徹することだ。発言を求められたとき、必要なときは憶せずに沈黙を破る。沈黙を強いられてはいけない。

＊19　ちなみに英BBCのレポートによれば、今はイギリスにもアメリカにもプロの「片づけ屋」がいて、本も出ているし、商売も順調らしい。ネットで検索すれば、そんなサービスがたくさん見つかる。また、荷物の多い部屋にいると不安やストレスが高まるという研究もある。たとえばカリフォルニア大学ロサンゼルス校の心理学者リーナ・リペッティらによると、雑然とした家に暮らす母親ではストレスホルモン（コルチゾール）の分泌が多いらしい。

＊20　道元自身は五味に淡（うす味）を加えた「六味」を唱えたが、五という数字を重んじる中国伝来の五行思想にもとづき、一般には淡を除いて「五味」と呼ばれている。

＊21　「懐石」は文字どおり「懐に入れる石」のこと。その昔、僧侶たちは温めた石（温石）を懐に入れて空腹や冬の寒さをしのいだとされる。むろん、今は違う。今の懐石料理は味つけも色も素材も火の入れ方も、そして見せ方も異なるたくさんの小皿で構成されるコース料理で、もちろん自然の季節にもこだわる。フランスで言う「オート・キュイジーヌ（高級料理）」の日本版だ。

＊22　小林和彦先生によれば、1900年当時の日本では「卵の生産量は国民1人あたり月に1個程度で……動物の殺生を禁じる仏教の影響で獣肉食は厳しく規制されていたが、魚介類は例外とされ……肉の代用品として豆腐や小麦粉グルテン」が使われていた。

＊23　ちなみに私は、ピッツァを買ってくるのは外食だと思わない。ボストンで最高の店はギャレリア・ウンベルトで、ここのシチリア風ピッツァは全米一だ。余計なトッピングは一切なし。もしも道元が生きていてボストンを訪れたら、この店には『典座教訓』が生きていると感激することだろう。

＊24　ボストンの有名女性シェフが言っていたが、「四つ星レストランとその他の店の違いは、ひとえに塩加減」だ。

＊25　正直言って、日本の人はもっと民事訴訟を活用したほうがいい。東電やチッソなど、甚大な環境破壊や人命の損失を招きながら責任を問われない企業が多すぎる。

＊26　たとえば、ＥＸＩＴ（イグジット）という「退職代行サービス」の会社。新野俊幸と岡崎雄一郎が立ち上げた事業で、「会社を辞めたいけれど自分からは言い出しにくい」人のために1回5万円で退職手続きを代行（場合によっては転職の手助けも）する。今では似たような業者が全国に30ほどあるそうだ。会社の上司は面子をつぶされたと思うかもしれないが、辞めたい従業員の心の負担は減る。終身雇用の伝統が根強い日本では、なかなか「辞めます」と言い出せなくて、やむなく退屈な仕事を続けている人が多い。ただし最近は日本でも転職希望者が増え、少子高齢化の影響で労働市場も「売り手市場」になりつつある。「人は変わるけれど、なかなか文化は変わらないし、会社も変わらない……だからこういうサービスが必要とされる」。岡崎はそう語っている。

幸せって何だろう？
ボクが日本人から学んだ「受け入れる」っていうこと

2021年12月4日　第1刷発行

著　者　スコット・ハース
訳　者　沢田　博
発行者　浦　晋亮
発行所　IBCパブリッシング株式会社
〒162-0804 東京都新宿区中里町29番3号
菱秀神楽坂ビル9F
Tel. 03-3513-4511　Fax. 03-3513-4512
www.ibcpub.co.jp

印　刷　株式会社シナノパブリッシングプレス

Printed in Japan
ISBN978-4-7946-0689-1

装幀　斉藤 啓（ブッダプロダクションズ）
協力　iTEP Japan